另類
哲學論

山中來人 著

目 contents
次

▌前言

　　一本適合「為人」之道參考手冊，從庶民至國家領導階層，尤以領導階層者更要認識本書之內容以成為英明又有道德之領導者。

　　中國古詩有云：山不在高有仙則名，水不在深有龍則靈；室雅何須大，花香不在多。此書雖不厚，但內容另外一格，希望能改變人們對過去哲學的觀念。

　　在一個複雜至極的人類社會裏，曾花上二十多年的思考及匯集靈感才找到門路下筆，那就是定義及整理將人類思想學說及行為有個系統化分類，缺乏這方面，對於所提的哲學問題不知是屬那一部分，談論起來就摸不著頭緒捉不到要領，就像瞎子摸象一樣不知其實際整體形態是怎麼樣的，所談的是什麼。也像一個小孩在深山野嶺裏沒有方向感，不知自己的所在位置，只在那裏竄來竄去。

　　看完此書後對哲學有了方向感，每當討論哲學話題，即知其屬那一部門的某個問題而易於瞭解，對哲學不再抱著是一門高不可攀的學問。

以前你覺得哲學這一科很難懂，是因哲學家及教授們沒有正確的哲學定義，對人類社會的複雜生活情況，在思想行為沒有整體系統化，所談論的題材不知其所在位置，往往無邊際無重點而彎山曲水過於複雜化問題，令人感到難以理解哲學的深奧。

　　《另類哲學論》不去討論佛經，聖經，儒家的四書五經禮記等，也不深入討論論理學玄學及其他哲學課本。此書以另一個角度去研論社會人們所體現的人生百態。

　　《另類哲學論》是分類及探索哲學，探討有關人的本質思想與行為在各種宗教，各種思想，各種教育及某些環境所影響下人在社會的表現，以事論是不怕點名批評，是尋找出真理尋找出人類社會的麻煩和痛苦的根源，以及重新定義哲學，道德，法律，真理，以及如何才是理想國。

　　人人懂得真理道德，社會將會和諧；國家領導階層懂得真理道德，就會國泰民安，國與國之間戰爭必會減少，世界大同有望。

第一章
人類的目的及起源

　　哲學是始於人類，要談哲學首先要論人類的目的及出現。

　　宇宙有多大大家都在推測而已，沒人能確定一個正確數字。大多數宇宙天文科學家都認同宇宙由大爆炸而產生造成了數以億計的銀河星系在太空中運轉和擴散，人類定出時間數據去量度速度和距離，但沒有高低及方向之分，因沒有一個定位來測定。星系及物體一直在運行中不會停止，如果靜止了就沒有時間距離也沒有宇宙，沒有空與實，快與慢，大與小。

　　人類在宇宙中是個微小到不能計算的動物體，一百幾十年的壽命與宇宙間的年齡相比，哪短得太可笑，可是出現的問題多多。

　　人們常要談的一個論題是，這個地球上為何要有人類的存在，或說人類的出現在宇宙間地球上的目的是甚麼？莫非是讓人類的出現來互相殘殺陷害製造悲劇和痛苦以達至某種未知的目的？或是尚有別的目的去開拓宇宙？人的生命那麼短暫力量極之有限而宇宙又那麼廣大能做得些甚麼？這些問題相信永遠無法解答。

　　哲學是出於人的社會，那麼人的起源自何處？

宗教論

　　有宗教信仰的人說是由神造的，這是神話只有信神的人才接受。至於那些有信仰的人類學家卻又有雙重標準，進教堂時說人類是神造的，進去科學院時又是另一個說法。

　　相信不能證實的事物，就是迷信。

進化論

　　人類是循著宇宙間的有利條件造就了適合生物生存的地球環境，產生了生命小體單細胞，然後組合較為複雜的生命體，人是由生物進化論而來的，若還說人是神造的那麼就不須再化時間心血去探討研究了。

　　很多人都說，從來沒人看見過人類進化的過程，這個進化論可信嗎？答案是，當然不能看到，就等於我只能看見現在的你，就未曾看見你父母如何的養育成人的過程，不過，你肯定有個長成的階段是由嬰兒到小孩到少年到青少年到現在的你，同樣道理。

　　今天人種學同意人類遠祖始於非洲，進而散布到地球各地，由於基因突變而成為各種膚色人類。關於這方面在此暫不去討論如何的進化，我們只知約在三百萬年前人是與猿之間的形狀已是

直立猿人，到了約在一百至五十萬年前已懂得用火，已由山洞逐漸用草或樹葉建造簡單草寮而群居，逐漸進入人類最原始的生活，由原始人的群居而成部落，漸進為部落村莊鄉鎮組成人類社會與國家。

第二章
哲學是甚麼？

首先介紹一些學者對哲學的觀感。

有學者說：「哲學（philosophy）是研究普遍的基礎問題的
學科，包括存在，知識，價值，理智，心靈，語言等領域。哲學
與其他學科不同之處在於哲學有獨特之思考方式，如批判方式，
通常是系統化的方式，並以理性論證為基礎。在日常用語中，哲
學可被引申為個人或團體的最基本信仰，概念或態度。」

┌─ 作者短評 ─────────────────────────┐
　　如此的說法也是太籠統，說不出哲學重心。
└──────────────────────────────────┘

英國哲學家伯特蘭羅素（Bertrand Russell）對哲學的定義：
哲學是某種介乎神學與科學之間的東西。它和神學一樣，包含著
人類對於那些迄今仍為科學知識所不能肯定事物之思考；但它又
像科學一樣，是訴諸於人類的理性而不是訴諸於權威的，不論是

傳統的權威還是啟示的權威，一切的知識都屬於科學；一切涉及超乎確切知識之外的教條都屬於神學。但介乎神學與科學之間還有一片受到雙方攻擊的無人之域，這片無人之域就是哲學。

┌─ 作者短評 ─────────────────────────┐
│   │
│   伯特蘭羅素是有思維，但對哲學的思維不明白他在說甚麼。   │
│   │
└──────────────────────────────────────┘

蘇格拉底（Socrates）所說的智慧與靈魂。他說，智慧靈魂乃是天神所贈。

學習似乎是一種回憶的過程，靈魂進入體內之前屬於理念的範圍，也只有在那裏才能真正看出事物的本身，而不是被凡世間的陰影和經驗所掩蓋，藉由回憶的過程便能將純真的理念帶入靈魂，也因此獲得了智慧。

┌─ 作者短評 ─────────────────────────┐
│   │
│   使人難以瞭解。請參看第二十三章〈智慧，靈魂〉。   │
│   │
└──────────────────────────────────────┘

柏拉圖（Plato）的洞裏犯人看見影子當為實體的東西作為隱喻……。

┌─ 作者短評 ─────────────────────────┐

　　我認為過於超現實，猴子都知道太陽下牠的影子，既然是
人怎麼還不知道自己的影子呢？

　　由於超現實難瞭解大家覺得哲學太高深，其實就是廢話
一堆。

└──────────────────────────────────┘

　　柏拉圖談到知識，他說知識是與生俱來的，因此學習只是將
原本埋藏在靈魂深層下發掘出來，是由哲學家所引導。

┌─ 作者短評 ─────────────────────────┐

　　這一說與實際剛好相反。請參看第二十三章〈知識與智
慧〉。

└──────────────────────────────────┘

　　柏拉圖認為，品德來自智慧的「形式」世界。

┌─ 作者短評 ─────────────────────────┐

　　這是甚麼意思？我說柏拉圖說得亂人頭腦，他根本不知如
何才有品德。

└──────────────────────────────────┘

　　「馬」並不指定那一種，而馬的含意本身獨立於各種馬有形
的，它不存於空間和時間，因此是永恆。

　　後現主義把哲學定義為創造概念的學術。

　　哲學所涉及的研究範疇是其他學科的總和，它給出對世界本
質的解釋，在很大程度上影響著接受者的世界觀。

　　哲學是研究範疇及其相互關係的一門學問。範疇涉及到一門
學科的最基本研究對象，概念和內容，哲學具有一般方法論的
功能。

　　哲學和其他承述問題方法的差異，有條理的方法以及理性為
基礎的辯論。

　　中國學者胡適在他的「中國哲學史大綱」中稱：凡研究人生
切要的問題，從根本上著想，要尋找一個根本的解決，這種學問
叫做哲學。

作者短語

在東方文化典型的中國古代只有哲字,沒有「哲學」這個學名,哲學是近代從日本引進的名稱。從古代所造的「哲」字來看,對事情用手用斧去折再用口去辯論找出問題解決問題,就是今天所說的哲學論。

一般大學教授都將哲學的定義說得非常難以瞭解的學問;又將一些問題抽象化複雜化。

比如說,在一場哲學討論會上有個學生問一名大學哲學教授,想像與靈感是甚麼?而那位教授論天說地說了幾十分鐘還得不到要領沒人聽得懂他在說什麼,令學生感到哲學真的難瞭解,也會令所有聽講的人覺得哲學真是一門難以攀登的學問。

我曾在廣播中聽了一個哲學話題「陰謀論」,發言者真的是談天說地範圍很廣泛與陰謀毫無連關。聽到完還不知所謂的陰謀論是甚麼。或者是因為本人不認識哲學深奧的關係?

在人們的觀念中,哲學是人類難以瞭解的抽象事,演講者講天說地大家都覺得難懂。在古時代西方的觀念,天地間的事都是

哲學範圍，如此看哲學太廣泛了。古代西方的定義：「凡是尋根問底的學術都叫做philosophy」，如此的定義未免太籠統，因為每一門學術都是推理問根，例如數學，科學，天文學等等都是推理尋根問底，即是所有學術都是哲學而無界限。

從上面各哲學家或說哲學學者對哲學的定義，沒法令人瞭解哲學的確實定義是什麼，而對哲學感到迷惘而生畏。

近代哲學觀

近代的哲學學者們都同意把數學歸數學，科學歸科學，而哲學歸納為論理學，心理學和道德學。

今天專攻心理學的學者都稱之為心理學家屬科學的一門，看來哲學僅剩道德學和論理學而已。

對於我（本文作者）觀點來說，道德學，其實是出於學說中的一種，而學說是出某人的思想，所以學說是一種思想哲學。就是說道德是思想哲學中的規範。

比如儒家有儒家的道德規範，佛家有佛家的道德規範，神學（天主教基督教）有神學的道德規範，回教有回教的道德規範等等。道德學應該代以思想哲學。

可以說今天的哲學只有思想哲學和論理哲學。

其實哲學不是很困難的學科，只是解釋的人解釋得不明白又將其複雜化使學習和聽講的人覺得很難理解。如果將哲學從新分類，或許會令人瞭解哲學的真義而不會感到哲學是難瞭解的學科。

　　《另類哲學論》，是屬哲學中的分類及探索哲學，探討有關人的本質思想與行為在各種宗教，各種思想，各種教育及某些環境所影響下人在社會的表現，以事論是，實事求是，不怕點名批評，以尋找出真理尋找出人類社會的麻煩和痛苦的根源。以及重新定義哲學，道德，法律，真理，以及如何才是理想國。

第三章
哲學的出現

　　由洞居至到近代的十八世紀這段時光裏，人類一直都是處於弱肉強食，強勢欺弱勢，主人踐踏奴隸，僱主剝削工人甚至視為奴隸以待。弱者沒有今天所謂的自由與人權可言，原因是一直以來都沒有這個人權名稱更不懂得去爭取，只有逆來順受，忍受一切既來痛苦。

　　這世間上的生物都循著大自然的定律互相競爭適者生存，尤以動物。人是萬物之靈競爭更加劇烈。人類在沒有教化之前那種生活叫做原始生活或荒蠻生活或叫野蠻生活，就是循大自然競爭定律弱肉強食，不知甚麼叫做道理與人道。在那種情況下強者得勝，弱者受害。

　　當人類由荒蠻的群居進而村莊市鎮再組成生活複雜的城市，再演進為國家有疆域，有家庭有社會，生活越來越複雜，人與人之間的矛盾紛爭，弱肉強食也隨之愈來愈多。家庭中的紛爭，國與國之間的戰鬥，使到人類痛苦不堪。那些有超常智慧的聖賢者對此有所感觸，便想出一套解決方針教人類去遵行，如東方的儒

家學說中的社會秩序君臣父子夫妻兄弟朋友師生，仁義道德，這被說為東方倫理道德。

　　釋迦牟尼看見人類弱肉強食互相廝殺極度悲慘便捨棄權貴的皇子名利地位坐在菩提樹下想出救世方針教人慈悲覺悟憐惜生命。儒家學說，也是為了人類免於痛苦而出現。

　　<u>這便是思想哲學的出現。</u>

　　<u>這些救世的哲學在分類中稱為**思想哲學**。</u>

　　我們可以這樣說，只要有兩個人的地方就可能有爭執，人愈多爭執是必然愈多，就要有哲學的出現，要是那個地方只有一個人就沒有爭執，也就不須哲學的存在。人類社會出現了痛苦，就有思想哲學的出現。

　　<u>人類社會出現事物錯與對的爭辯，就有**論理哲學**的出現。</u>

哲學的定義

　　簡單地說：教導人類的思想與生活方式行為，及談論事物的虛與實，事情的錯與對及論定，說話的方式，這些學科稱之哲學。

哲學分類

　　在古代如數理化，宇宙天文，人類學，地理歷史，考古等，

這些給予人類物質生活上和知識上服務的學科均列為哲學，但今天已被列為科學。所以今天所說的哲學只有人文哲學，當中有心理學在內，但本人將心理學也列為科學，故哲學不包括心理學在內。哲學只有人文哲學而已。

人文哲學

人文哲學包括有兩項：

思想哲學

是因應社會問題而創造出學說給人類去實踐。思想哲學是支配人們生活方式的學說。

思想哲學是出自人類早期社會，是帶領人類由無方向只有荒蠻野性打鬥弱肉強食，走向各形各式生活的道路，邁向他們認為是理想教理的目的，就是說，每一種教都有其教理和條例教導信奉者遵循，因而形成了各形各式不同的生活方式和風俗習慣而形成他們的生活倫理道德，解除人類的痛苦。

在思想哲學中，有些是改善人性，訂出生活規則，如佛學，儒學；可是有些思想哲學卻帶給性別上的痛苦，同時又不能容納別的信仰而成為戰爭的根源，如回教；還有一種思想教義道理未曾造福人類卻害死成億人類，未見其利先見其害，如共產主義便是，至為可惜！

近百年來，西方的社會民生政治都比亞洲的好得多，原因是

西歐國家接納了古希臘一些城邦民主制度思想逐漸改善而來，社會繁榮民生舒服安定知識豐富，不少亞洲人都為此而仰慕並稱為天堂，實至名歸。

一個國家所實行的主義和政治策略都是出自思想哲學。

論理哲學

論理哲學是出於人類有了高智慧及知識後才有，是推理論斷一件事情，及解釋名稱，如什麼叫做我，我是誰，靈感，想像，印象，抽象，甚麼叫做錯與對等等，鍛鍊人類的思索說話技巧及明白事理。

人類有了複雜的社會後便出現許多問題，那些高智慧的人即提出了疑問和解釋並發現了一些定律。理論哲學家，其創作內容都是談論關於人類的思考及對事情的認知，也是今天最熱門的哲學話題，無論在課堂或哲學論壇中都以此為主題，如談論靈學，智慧，想像，形而上學，高不可攀的抽象話題等等。但沒人論及思想哲學對民生的重要。

往往很多的哲學論壇中所談論的話題包含有：思想哲學，論理哲學以及心理學混淆在一起，談論者沒有哲學的分類概念，所以說得很籠統難懂。

論理哲學多出自西方，就是說西方哲學著重於論理方面；而東方則著重於思想哲學的道德。

哲學名稱

今天世界上都稱那些與哲學有關的人物為哲學家，未免很混亂。我們應重新整理一下哲學名稱。

思想哲學家

對於那些創造「為人之道」學說者，稱之為思想哲學家，如佛學的釋迦牟尼（Sakyamoni），儒學的孔夫子（Confucius），老子（Lao-tzu），猶太天主基督教的耶穌（Jesus），穆斯林教的穆罕默德（Mohammed），共產主義創造者馬克思（Karl Marx）等。

思想哲學，帶人們走向一條他們認為最理想的生活方式道路，信奉佛教就有佛教生活方式。儒家思想便有儒家生活方式，每種教都有其生活方式。就是說思想哲學能改變一個人思想，觀念及生活方式。儒家思想沒有提到神靈，不叫人盲目聽從，故不是宗教。

馬克斯思的共產主義。共產主義也不是宗教，但實行這個教義的國家掌權者卻以武力去強迫人民走向思想主義的道路。

回教。回教是宗教，而且也是用武力去強迫人民實行宗教裏的教條。

論理學家

至於那些提出理論哲學的學者，稱之為論理哲學家諸如

Socrates，Plato，Aristotle，Descartes等，有些理論哲學家還兼有科學家的身分。

研究哲學家

那些專門鑽究各家思想哲學和理論哲學的學者們稱為研究哲學家，因為他們很專門很熟悉各類哲學，但他們並無思想教條的創作也沒有論理的著作以稱為研究學家，如哲學教授及業餘哲學研究者。

還有那些宗教領導者如神父牧師和尚大師等，他們都通曉各家思想哲學及理論哲學，但不稱為研究哲學家，因為他們不很專而且都有自己的神職名銜。

第四章
人類的痛苦根源

　　哲學是起源於人類社會，人越多社會就越複雜所產生的問題也越多，人的痛苦也跟著多。為何人類會有那麼多的人間悲劇痛苦及麻煩事端？要解答這個問題就要從生物說起。

　　生物可分為兩大類：植物和動物，它們都有兩個共同點，就是<u>生存與繁衍</u>。

植物的生存與繁衍

　　首先是生長，長成後便開花受粉結果生產種子延續後代。植物只有葉子爭奪陽光沒有行動帶給植物社會的麻煩。

動物的生存與繁衍

　　動物有行動有體力有智慧，為了生存利益就要爭奪食物和地盤而打鬥。有部分動物雄性為了繁衍後代而打鬥，不過這個打鬥

還具有天然的進化意義就是強者得勝將會生出較強的後代，這是進化現象。在古代的西方要爭奪配偶就要武鬥。這個武鬥現象在今天的世界裏仍然存於非洲的某些部落。在肯尼亞有些部落尚有武鬥風俗；有些部落沒有武鬥，男子若要娶妻先要通過測試舉起50公斤的石頭拋到後面才算及格娶妻。

為了生存動物世界裡許多動物經常互相爭鬥，弱肉強食以致不少種類動物在物競天擇適者生存的自然現象下被消滅絕種。

人類也不例外在古代戰爭中那些弱小的民族或部落被消滅或被同化。

在動物世界裏當中包括陸上各種動物及海洋中的各種魚類他們都沒有分秒的安心生活，隨時隨地會被其他動物吃掉或侵害。在生物演變過程中從「准人類族群」到了人猿階段的人類比其他動物較有智慧，懂得合群對抗毒害動物和用石頭竹木製成利器弓箭射殺其他動物，還懂得設陷阱捕捉各類猛獸，在生存競爭中戰勝了萬物，進而成立部落，聚居成鄉村，鄉鎮而進入人類社會。之後人與人的相鬥直至今天尚未休止。

人類建立了社會，仍然離不了生物的兩個目的生存與繁衍。即是建立家庭，白天幹活晚上繁衍傳宗接代。

可是人類社會的生存問題太過複雜了。為了生存就要有利益，為了利與名，權與勢，就要競爭，由競爭而成鬥爭及戰爭，鬥個你死我活，從個人到社會以至國與國。由於鬥爭所產生各形各式的悲劇從古迄今未曾停止過。

人類為了自己的利益忽略了別人的利益而產生剝削行為，從家庭中的主人虐待僕人奴隸所產生的悲劇；奴隸制度及社會上業主刻薄工人情況苦不堪言；國與國之間為了利益而爭奪土地或擴充領土所產生的戰爭，使人間變煉獄。

　　繁衍亦帶給人類不少的悲劇，只是範圍較小。如姦殺，強姦，非禮，吃醋及陷等。

　　生存利益和繁衍就是人類痛苦的根。

第五章
本性

　　本性是天賦給一個人本質即特質或說個性也就是性格，一個人的思想也是由性格本性而來。

　　本性生思想，思想生觀念。本性有先天本性和後天本性。

　　先天是生下來就有，同父母生下來的兄弟姊妹他們之間的個性有些是相差不遠，而有些就相差太遠；後天本性即自幼小時受到外來因素的影響，如家庭，學校，宗教及周遭社會環境所接觸到的影響，將其原有的本性改變謂之後天本性。比如，本性兇殘無比的獅子，自幼就在人家馴養，長大後便失去那原本殘暴的獸性。

　　世界上有幾十億的人口就有幾十億的本性個性沒有一個是完全相同的。不過大致上可分為「善良與兇惡，天資聰穎與笨拙，好動與好靜和溫順，自私貪心，好施，仁慈，勇敢，懦怯，驕傲自大，自卑，險惡，狡猾，陰險笑裏藏刀之別」等等。

　　說是這麼簡單，但實際上是千變萬化沒有誰同誰。所以同是一件事但每個人的觀點都不同也就是常說的見仁見智，判斷不

同，做事方式就不同結果也不同，從大事到小事，大如國家小如個人。

　　性格也是決定一個人的命運，不同性格會走不同的途徑，有不同的為人方式就有不同的成果，成功或失敗，對人有益或有害。

　　又以性格與婚姻來說，性格隨和的男人對婚姻沒有多大的選擇，卻有好的結果，至於那性格好挑剔執著對婚姻多選擇反而沒有好的結果，因為世上難以找到一個如想像中的理想人來配合自己，就是說性格訂定這類人的命運好或壞之收場。

　　本性出思想，思想出語言和行為。本性好，思想會好，語言會善良行為也會好。反過來，本性劣思想會劣言行也會劣。好與劣對人類社會所影響深度要看其人在社會的地位而定。我們可以說利益是生存之根，本性是禍福之本。

本性表現於人的思維，思維表現於語言與行為

　　聽其言觀其行便知其人的本性和思維。

　　一個人的思維與本性體現於語言與行為，代表著此人的人品是好或是壞。

　　比如一個老翁摔倒在路上，有人很快就把他扶起；有人走去看了看並不把他扶起來便走開；有人只站在不遠的地方觀看；有

些站在那裏還微笑。之所以會有人把他扶起，是天生給他一副懂得憐憫之心或曾受了有關助人的教導；那些走近看了看又離開，可能他本想救助但想起好心反而得來惡報的故事而離開；那些在不遠處觀看而無動於衷，是因這類人天生沒有憐憫之心又無受到助人的教導，他們在想事不關己少理為著；有人站在那裏微笑，是因為這類人本性屬於劣質不懂憐憫別人的痛苦又沒有受過善心教導，當別人的痛苦是一場表演而歡心，即俗說的樂人之苦。

一個人的本性與品德對人類的影響極為重要

　　一個本性極劣之暴君，有人痛恨他唾棄他，是因他們有著好不平的本性所以看不過眼而唾棄；但也有人讚賞他親近他，因為這種人也有暴力的本質，不懂分辨是非黑白，也許有些人可從中得利而讚賞他，助長了人間的痛苦。

　　一個殘暴者，本性就沒有感受到別人的痛苦，只要能達到願望就不擇手段，在這類人的觀感中唯有名和利至上，每個殘暴者都有其不同的觀點和抉擇施暴的程度也有差別。

　　殘暴的殺人事件，古今中外層出不窮，數之不盡。直至2021年的今天，仍然斑斑可見。

第六章
思想變化

　　思想還會受到地理環境及時間性的影響而產生不同的思想，或令思想有所變化。

思想受環境影響而有變化

　　約於2010年紐約有件怪事，一個狂徒載了好幾支槍準備瘋狂地殺人，行動之前他先到一個公園休息，在思索其間有隻狗走到他身邊很友善地跟他在一起，頓時那人心又軟下來不再去殺人，於時載著幾支槍去投案，就此避過了一場災難。我們可假設，若他不去公園就遇不到那隻狗對他的友善態度，或者換了一個時間也不可能遇到那隻跟他交朋友的狗，他的思維仍然沒有改變，一場災難就很可能會發生。就是說時間與地點也可改變一個人的思維與行為。

　　還有一個非常重要的例子而沒有人去留意到的，就是一九九〇年蘇聯領袖戈巴喬夫，他去訪美時看到美國社會的繁榮，他

還以為是一場擺佈的騙局，因為共產國家一向對那些到訪的客人都是以佈景來欺騙他們。到了晚上他穿便服帶了一個保鑣出去逛，這時他才看到自由世界繁榮真實的一面。因為那時蘇聯經濟已近全面崩潰，從電視畫面看到所有超級市場內空盪盪只剩下幾個罐頭而已，兩百人排隊等買麵包。當時他有極大的感慨與覺悟反省，才知道共產主義根本行不通，同時又有幾個附庸國在鬧獨立，因沒有麵包就沒有黏力。回去不久便將一個勢力龐大無比的共產集團宣布解散，從一個權威至極，只要一聲下令便可毀滅整個世界，居然捨身回去做個平民百姓。全世界人類天天都在緊繃繃隨時會被蘇聯的核彈攻擊的可能，頓時鬆解下來，無不慶興拍手歡呼，世界真正得了和平。從這個例子裏我們可看到幾個特點。一，戈巴契夫本性善良；二，他不貪圖名利；三，被真實的景象所影響。就是上面所說的個性，名利，與環境的關聯，也是環境會令人的思想改變的好例子。

鄧小平亦然，在他訪問美國回國後便去掉馬克斯的死亡之路經濟政策，改為自由經濟，人民才能夠恢復過去四九年以前的自由活動，才得還富於民。可是又沒有勇氣承認共產主義的失敗，而說是改革開放政策，中國式的社會主義。無論如何都是因身歷其境而改變了他的思想觀念。但他不像戈巴喬夫那樣退位回歸庶民。

第七章
教育

肥胖取決於食物的多少，社會質素的優劣取決於教育的程度。

教育的意義

　　改善人的原始蠻性，以及將每個人都有著不同的性格差距拉近來，走在一條可行的道路上謂之「道」或「道德」。古語說「人之初性本善，性相近，習相遠」應該是「人之初性本惡，性相遠，習相近」才對。因為人是有智慧的動物，要靠食物來維持生命，故食物是首要的生存利益，在找不到食物來源時，看見別人有便去搶，對方也要維護自己的利益而反抗形成打鬥局面，戰爭就是因人的原始蠻性而起。曰「性本惡」。原始人如此，今天所謂的文明世界仍然如斯！

天主教、基督教

　　嬰兒出世後要經過洗儀式，是把嬰兒浸在水裏或向嬰兒潑冷水，教條說人一出世後就是有罪，洗禮就是洗淨所有罪孽。其實不然，剛出生的嬰兒甚麼罪也沒有，是宗教精神領導者不明人性，盲目地跟教條而言不加以思索。上面剛說過「人之初性本惡」，若不經教導去改變其原始蠻性，怎樣洗也毫無作用。

　　人類在尚未教化之前，不知何謂善何謂惡，為所欲為，不滿意即斥之以武，不知憐憫同情，也不知什麼叫做殘忍，造成人類的痛苦和悲慘，這就是人類的原始性質稱之蠻性，或叫野蠻性質。要改善人類的蠻性，就要教育。教育的目的是叫人自我約束不去侵犯損害他人，認識善惡殘忍及同情憐憫。接受教化以後，脫離人類荒野蠻性本質，走向和諧社會互相尊重以相處，叫做文明。

　　全世界絕大多數的人都在不同的宗教教導下長成。不同宗教就有不同生活方式禮節，同時也形成不同的風俗習慣。現行的有：佛教；耶穌教，當中包括有天主和基督；穆斯林；猶太教；東正教；印度教，錫教；唯一不是宗教的是儒教代表人是孔子與孟子。

佛教

　　佛教的始祖釋迦牟尼佛祖稱為佛或稱如來佛，原是印度太子，有著一個呼風喚雨至高無上的帝皇生活，是所有人都夢寐以求的夢想，可是他就是不像大家所想像中重視享受奢華生活的人，他是億萬人中的超凡之人，他看到皇室以外的百姓過著極其悲慘的非人生活，受到強權惡霸的欺壓凌虐受痛苦，而捨去他個人的榮華富貴去坐在菩提樹下想出一套慈悲法學去教導人類脫離原始荒蠻野性，希望挽救人類脫離苦海之道理，即今天的佛經。這是天生給他一副懂得憐憫別人痛苦的慈善心腸，其教義是哲理，佛陀教育重視心靈道德和覺悟，但並非神明，當中的神話為後人所為，今人拱佛無不求佛保佑祈福為要。

　　觀世音菩薩說：無論在何處，即使有一人沒有解脫苦難，我也誓不成佛，可見佛的意旨並非叫人類去崇拜他而得福，主旨是令世人脫離苦難。還有句「放下屠刀立地成佛」可見佛並非神，也不是唯我獨尊，人人皆可成佛只要修成正果，即能夠摒棄人類原有的野性私心貪圖，能夠慈悲憐惜他人廣施愛心於人類及靈性動物，正所謂的普渡眾生，如是即可成佛。

　　修佛不是信神靈而是信因果，修佛不是迷信而是信智慧，修佛不是成仙而是修練慈悲使有厚德。為何佛祖不像一般的人盡享呼風喚雨的奢侈繁華的人生，而捨去一切為救苦救難去過著無比

簡單的生活，這便是天生的本性稱之佛性，或說佛性是本生並非後有，就是說不是受到教育或其他學說所影響而有，是出自本性而有之。

佛祖勸人不要殺生，教人憐憫別人的痛苦和行善。佛學對人類有不少正面影響，在亞洲廣建廟寺傳播佛家善心叫人行善。成果見於自古至今每次天災人禍後便有救災組織出現，古代以供應米糧食物為主；而現代除了米糧食物之外並有日用品甚至現金。古代尚不少慈善家修橋補路，興建學堂傳承文化等，可見佛家在亞洲的確起了不少作用，這是人類真理的體現。

佛教所建立的學堂都是教導孔子儒家的做人道理並非以傳道佛學為主，這是真正善心。後人神化佛祖以祈福求平安發財來滿足人的貪婪私心，此舉正是與佛願相違。

佛教的教導能在人們行動中實際影響的就是慈悲，由於慈悲心的效應令社會上很多人得以捐施及社會上得了不少的建設，在他們的理念中此舉是行善得福積德後代。

耶穌教

耶穌基督本是人可是被神化，沒有家庭背景，也沒有小史，不能確實其人性格與行為，難以置評，其教條理說也並非他所寫而版本也不只一個。

只知耶穌教條中的耶穌他看見人類受苦難便以自己的生命去

感化殘暴者。天主教信奉耶穌為天主，聖父的聖子降世為人救贖萬民脫苦，世人稱之為救世主，這些都是神化。

　　所謂的救世主，是耶穌以神的力量打救人間，這只不過是人類的貪望而誤解，其實耶穌並非是有任何神力去打救世人，真正的救世是希望大家能做到其教義，世間就會變得和平相處，人間再無人為災難苦楚。這才是救世人的真義。

　　天主教中的道德是教人懺悔認罪得以赦免。有十誡：

- 欽崇一天主於萬有之上。（禁止崇拜偶像，行巫術和迷信，不可信無神論否定天主的存在）。
- 毋可呼聖名發虛誓。
- 守瞻禮主日。
- 孝敬父母。
- 毋可殺人。
- 毋行邪淫。
- 毋偷盜。
- 毋妄證。
- 毋願他人妻。
- 毋貪人財物。

　　耶穌教及基督教當中部分是道德，大部分都是神話，如耶穌
死後能復活。又如在一場災難中倖存的信徒都是神打救的。其實
在倖存者當中什麼教的信徒都有不祗是天主教或基督教信徒。這
都是不誠實的說法。在第一誡中說不可迷信，其實每種宗教的信
徒都是迷信。

　　所謂迷信就是閉著眼睛去信，不求其實，不作比較，不反
省，教條說甚麼就信甚麼，如第一條的涵意中叫人一定要相信神
是萬有之上不得否定神的存在，就是叫人盲目不准思考，不外是
恐怕人們經比較思考找證明後會發現是欺騙的謊言。這都是有損
其哲學真理價值。

全國各地有多間天主教堂被怒民燒毀。是一件轟動世界的新聞。致使總理杜魯多下令取消行將來臨2021年7月1日國慶日慶典，並下半旗以示哀悼及反思。

這段歷史是自1876至1996年在這120年間，當地政府下令印第安（原住民）兒童到了六歲就要離開父母，送到專為印第安兒童而設的天主教學校去寄養。在那裏目的是消滅印第安文化，更遭到無人道的虐待。據一名生還者的透露說：不給吃，或吃下很髒的食物，還遭強姦及毒打及多種虐待，很多因此而死去，只是僚草地埋葬。今天所發現的兒童骨骸由此而來。

在此有個問題是，居然是天主教學校，必定有耶穌神的存在，耶穌是博愛，打救人類，卻讓神的使者做出如此殘忍至極的無人道行為，讓這麼多無辜的兒童遭受冤屈下死去，為何神不拯救他們，也不給予那些劊子手應有的處罰？是否每殺害一批兒童回到教堂去懺悔認罪得以赦免，重新再殺害又得赦免？

這是博愛嗎？是真的有神存在嗎？

2. 天主教基督教都說神是萬能，可是進入亞洲地區時要槍桿護送進入的（打開中國和越南歷史即可明白），是萬能嗎？

3.所謂的聖經，並非是神聖到無所不對，基督教派就修改
當中他們認為不對或有問題的部分如《出埃及記》成為
另一本聖經稱為新教，又認為傳教士都是人，應該有一
般人的生活，就是可以結婚，再者有家室的傳教士不易
犯上婬慾事件等等。因此惹怒了天主教派而發生衝突，
成為十四世紀天主和基督大屠殺的歷史紀元。
這說明聖經並非是無所不對之經。

　　天主教基督教內容不全是有理，因大部分都是神話，宇宙
是神造的包括人類在內，聽來真是萬能，實際上未曾見到一能。
只有其中博愛的觀念曾做了許多對人類社會有益的事，這是教條
中的真理。不過主要還是宣傳神話為主，所謂神話就是要相信不
懷疑不比較不求證。比如說在一場災難中慶幸生還的人群中甚麼
宗教信仰者都有，可是在教堂裏做追悼會時神父或牧師卻說，你
們（慶幸者）能活下來都是主耶穌的打救要感謝主（神）。這都
是欺騙的行為失去了真理價值。所以這麼說，在慶幸者中也不完
全都是信主的人，其他宗教或無宗教的人都有，他們又是誰打救
的？至於那些不倖者中也有信神的為何神又不打救他們？所以就
叫信者只聽不比較不求證的原因。

　　已有二千一百年的西方神學院一直以來都在尋找神的存在，

可是都沒有具體的證明。所以神學並非真理，即是說神並非人類之所需。

作者短評

將一個人神化後就叫信徒盲信從說是神。千百年來都建有神學院以造神，但只能造出想像中之神。

話又說來，信神是小騙無大礙，但未能列為人類真理。

20～21世紀物理宇宙學家史帝芬霍金說：沒有誰能製造宇宙，也沒有誰能控制宇宙。這才是真話。

如果說，神造宇宙，那麼神又是誰造的？信神的人或許會說，神是自有的，如果神都能自有，那麼宇宙也當然自有，不需要神去創造。

天主基督篤信者要格守信神，神是創造宇宙萬物造者，不得信邪神，不得拜神的造物偶像，起牀後吃飯前睡前都要祈禱神賜福。看來信神者都是為自己的利益著想。

不過除了為自利之外，還有不少學校醫院慈善機構的建設，其禮儀支配了西方人的社會生活方式。當中對真理哲學有教育價值的要算他的誡條如：不可殺人，不可姦婬偷竊，不可陷害，不可貪戀別人之妻，不可貪戀非份之物，且要尊敬父母。這都是改造人性從善的主要教條，促進良好社會的真理。

孔教（儒教）

　　老子孔子孟子莊子等對社會的不公和悲痛有所感觸，而各自想出一套為人道理統稱為「儒家學說」教人治理國家，教化人類脫離野性荒蠻，要懂得互相尊重以禮相處公平對待，務求人類社會走向和平繁榮脫離苦難。他們皆是聖人之心，本性就是善良。

　　儒家族群是務實入世的教育，即「為人之道」沒有絲毫神化。

　　儒家的道德也叫倫理。如家庭倫理；社會倫理，即教導人際間的交往禮節行為。

　　蓋沒有神化故不能為信者祈福，因此未能迅速發展普及如其他宗教。可見人類對信仰為的就是「祈福」，換句話說不想學儒教做好人，因為做好人是為他，求福是為己，為己不為他。是大多數人之本性。看來要建造這個世界成為人類極樂世界尚有一段很長的教化道路要走，正所謂「十年樹樹，百年樹人」：十年即可樹立一個樹林，但要很長的時間才能樹立一個良好的人類社會。

　　如果一個國家已有良好的社會道德，一旦遭到破壞想要恢復原狀，哪也要好幾代的努力才行。

　　儒教已支配了亞洲人的實際生活行為數千年，雖尚不完整，但總算已將人類從荒蠻帶到懂得仁義道德的社會中。古代中國及韓國越南日本的學堂都是以儒家學說為主。

儒家學說在亞洲社會那麼重要，可是儒家學說代表者孔夫子塑像及孔廟寥寥可數，並且無人問津，反而佛像佛廟卻遍佈整個亞洲無處不有，還遍及全世界。甚至孔廟還遠比不上關雲長被神化後的關公廟。為什麼？原因是儒家的教導是為他（為他人），只教為人之道而不像神靈那樣賜福人類；神化後的佛教信奉者都是為自己及家人所祈福，或說供佛是為己並非想去實行佛的原本意旨為他（為他人）。

　　倘若所有教堂都講做人道理而不為教民祺福，相信後果也如孔廟一樣無人問津，也不知耶穌生日是何時遑論慶祝聖誕。在此我們可看出人的弱點只想為自己利益著想，自私理念，不想被那套為人道德所約束做個好人與人相處令這個世界變得更美麗。

　　亞洲人日常生活行為及思維受支配的還是儒家思想的教導。上至君皇下至庶民都以儒家思想為準則。儒家思想教導安排社會秩序，君臣父子夫妻兄弟朋友有序。君子為最高的領袖有絕對的大權，次者為臣要忠君；家庭裏兒女要聽從父母；妻要從夫；兄弟相讓；在社會朋友相處以誠信，以禮以義。儒家思想教導人民甚麼叫做善與惡、什麼叫做好與壞，什麼叫做誠與奸，什麼叫做榮與辱，人與人之間要和諧相處，如何敬老愛幼。倘若人人遵守教導自我約束，犯法的人自然會少，社會便有秩序，人們民生活就會安樂。

　　孔子活在春秋戰國年代，是中國最混亂的一個朝代，「七國之亂」成了人們的口頭禪。終日戰爭從未停止過，民不聊生，孔

子便帶領他的學生週遊列國宣傳他的學說,希望各國領袖懂得人道憐惜生靈之苦而停止戰爭。可是當時人類尚處於荒蠻時期,一下子聽到人道之言實在聽不進耳,此情況就算文明的今天仍然如此遑論是荒蠻年代,孔子失望地回去專心教學寄望於後世。

我們可以說,佛教與道教支配中國人的精神生活,儒家思想就在中國人的日常實際生活行動中生根。佛教與道教的傳授是在佛堂與廟宇,而儒教的傳授是學堂與家庭。不過這些教導都是以勸告方式是不成文的法律,即是人們所說的東方道德。

每一種教理的教導所影響屬下的人們生活方式理念都不同,就如一兩百年前東西方的生活方式社會秩序及理念都大有不同。東方人遇到朋友行拱手禮,西方人是握手;東方人請客謙虛說薄酌或淡酌,西方人卻說是豐譔或盛餐;東方人的孩子對父母要叩拜要聽從,西方人孩子父母是平等可以辯駁;東方臣見君要下跪伏地拜,西方臣見君只是鞠躬。

儒家教育在古中國社會的負面影響

儒教的出現將原始社會安排社會秩序予與中國人生活了二千多年,儒家式中國社會著重於人際間交往問題,使中國人有了人際間的東方道德。可是當中的長幼有序是年輕輩絕對要聽從長輩的說話,這一點就壓制了年輕人的意見和創見,每當年輕人提出創意而長輩不明白即大罵譴責說「我吃鹽多過你吃米,過橋多過你走路」。

下面舉些親身經歷的例子。於1965年間我年幼的滿弟跌斷了腕骨，我帶他到醫院去求診，醫生照了X光說右手腕斷了一條痕，腕骨稍彎了一點，不過不用擔心，他年紀尚小只要懂慎不給撞到那隻手，慢慢會恢復正常，他不痛不需要給止痛藥。回去跟父親說，父親二話不說即大發雷霆地罵：西醫不懂醫骨！便下令「你立刻帶他去跌打醫生那裏給他看」。他正在怒氣沖天狀態，如果我有半點反抗或爭論，壞事可能會出現。只好一聲不出，懷著一肚子鬱氣帶弟弟走出去。去到那裏將情形告知醫師，他笑笑，心中大概想著這是小兒科嘛，便執起弟弟的傷手看了一下即用力一拗「啪」一聲折斷，弟弟痛到大哭起來，我的心也像被他一刀刺進去那樣的痛，含著淚搖頭。醫師拿來四片竹片夾住綁好，又拿來一瓶藥酒叫我拿回去倒出一杯的數量加熱敷在傷處，一天兩次，一個多月後便恢復正常，父親視此為神的跌打醫師。

　　類似上個場合，這是多年後我自己三歲的孩子一次玩耍不慎跌斷了左肩骨，左手提不起來，這是自己的孩子，二話不說即帶他到兒童醫院去（當時所有的醫院都是完全免費），醫生也如是說，肩骨斷了一條痕但並不脫離不算很嚴重，孩子尚小回家小心照顧不給並到傷處，睡時讓他輕輕躺下，盡量不給他翻身左邊，他不叫痛不需給止痛藥，漫漫會好起來。

　　從上述兩個場合都是兒童斷骨，在不同的治療下都得到同一效果，原因是骨膜細胞會自動的析出鈣質填補傷處而癒，並非是神醫及神藥所致。

又一個例子，少年時我鄉下鄰居有個孩子撿獲一顆子彈，他拿去敲開取出火藥，找來一枝小鐵管弄成一支土鎗去打鳥，給他父親知道後抓他來先打一頓再訓罵一番說：怎麼這些危險至極的東西你都拿來玩，好在祖先保佑沒事，要是出了事我養你那麼大不是白費工夫嗎？這個場合要是在西方世界被打罵的情況就不會出現，因為他們的社會沒有長輩至尊的道德觀念，至多就是勸他說，這些都是很危險的東西，你年尚小不可隨便惹它，你對鎗械有興趣的話就努力讀書將來進去兵工廠大展雄才。

　　由上面這些例子，我們可看出中國古代社會過於重視輩分的道德教育，而壓制了年輕人的創見思維及行動。致使中國的古代科學一直沒有任何進展的最大原因，並非如楊姓科學家所說的中國科學落後是歸咎於中國哲學的問題，如天人合一論，有歸納法而沒有推演法。這令人更覺得頭昏不知道在講什麼。自古以來的中外發明家科學家有那一位是先學會了哲學的天人合一，歸納法和推演法才去做發明家科學家？提出這些複雜得很的哲學理論去尋找古中國科學落後的原因，他雖是物理科學家，但在人文哲學方面的思維我不敢恭維，難怪一直都沒人找出一個正確的原因來。中國的科學落後應該是與道德教條有關，因為教條中只教做人絕對服從長輩，沒有鼓勵年輕人的創見，只有教導為人道德而缺乏技術教育。我們要坦誠承認這是儒教中的一個缺點。或許有人說儒學裏有句「後生可畏」這不是讚賞年輕人的才能嗎？

不，這只是讚美年輕人的氣力而已，並未鼓勵到年輕人去發展創見。

此外儒家教育「非禮莫視」導致中國醫學落後於世界，因學醫的人不敢正視人體，只在想像中猜測，沒有進一步去瞭解，更不用說有甚麼新發現。

日本原本也是個儒教的國家，但他們早就擺脫儒家的倫常的約束而走向西方的開放社會及科技的發展，使成為領先亞洲的第一強國。

我們可以說，中國古代教育著重於道德而忽略了知識（科技）教育，導致中國近代科技落後，幾乎被西方國家及鄰近的日本所滅亡。

道教

在中國人的社會中也有一定的影響。道教以神靈的威嚴去警惕人類，在沒人看見的地方也不可喪心作惡，因為死後將逃不過閻羅王的審訊，那些作惡多端的人就會被判決打入十八層地獄去接受極型的體肉懲罰，且永不超生，不能再投胎轉世為人。此說也可抑止了不少人的殘酷惡行。

回教

　　回教也是思想哲學，也是神化的思想哲學。在中東國家都以回教為國教，以可蘭經為國策訂製國家法律，人民就在回教法律規範內而生活，不過教規頗多，要接納和服從真主聖訓念，禮，齋，課稅，朝聖，不偷劫，傷殺要賠，不酗酒，不吃豬，行善，助貧弱，贖奴隸等。

　　不過有些很不公平教條委屈女性終生受苦，男人可娶一妻三妾；女孩七八歲就要割陰蒂，由於不懂衛生不少小女孩因發炎而亡。（約2000年多倫多尚有個家長帶小女孩到醫院去要求割陰蒂被拒）；女人出外要蒙頭遮臉，還要有家裏男性陪伴，不然就被眾人用石扔死（有紀錄片可看）；女人穿褲出街也會被人扔死（紀錄片可看）。2010年加國有個女孩因穿牛仔褲被父兄殺死而被定罪；女孩不能上學，女人有病又不許給男醫生治病，這是個非常矛盾的教條。不給女孩上學怎會有女醫生，不少女性因而病死。

　　原始的回教是不能與其他宗教並存，視不信回教的人都是敵人，這個觀念無形中蘊釀著宗教戰爭的根源。

　　不過今天的伊斯蘭教已有大幅度改革以適應潮流與世界接軌達至文明的回教世界。

共產主義

　　十九世紀的馬克思和恩格斯看見工人貧民被資本家和官僚欺壓，其本身也是個受害者，便想出一套主義學說希望把廣大的工人和貧苦民眾解救出來，建立他們心中的天堂國，謂之天堂社會主義即共產主義。可是由於他們的本性出了問題，是有憤怒的心態，尤其是馬克思的情人被有錢人奪走更令他痛恨不已，想出的學說是主張以暴力去報復剷除那些資本家及官僚者實施一套人人平等共有制的共產主義。

　　這一學說在當時的奴役時代是受奴役者的歡迎，希望從中得以解救。被俄羅斯奪政成功的列寧所應用。可是實施驗證之後才知與馬克斯所想像中的理想完全相反，未能使人類脫離痛苦反而害死了無數的人類，及造就了比過去的資本家和官僚更甚千百倍的暴力獨裁者，即是有計畫有組織的暴力。

　　治理一個國家有兩個要素：經濟和政治。經濟是人民的幹活方式，依照某種或某人的思想理論去實行作為該國的經濟政策；政治是對人民實施的管理方式，即是行政政策也叫政治政策。

經濟

　　共產國所行的經濟方針是馬克斯思想的惟物論，只有製造出物質如貨物農作物才是生產，商人是剝削者不勞而獲應要剷除甚至殺光。他不懂得制訂勞工法則去保障工人以及如何節制資本，而視資本家是其大敵，眼光過於短淺只看目前不顧遠景。主張沒收資本家的財物工廠，以及農民的田地，商人的店鋪全歸國家所有，如此國家便富有起來。從不考慮到此舉是殺雞取卵的低劣經濟策略。

政治

　　政治方面主張以暴力強迫人民去實行他的主張路線，所以造就了暴力獨裁統治者。原因在於馬克思的思想是出自仇恨之心，才想出這一套極權統治手法及強奪別人財產的錯誤經濟教條，導致人類比前更窮更慘也是史無前例的人類大災難大浩劫。

　　俄羅斯是最先實行共產主義的國家。當列寧奪得政權後即展開強奪沒收人民所有土地財產，大肆捕捉資本家及稍有財富的商人將其鬥爭致死，不少資本家商人因過於恐慌自殺或瘋癲，導致國家人民一窮二白。鼓勵人民互相舉報鬥爭，知識份子幾乎被殺個清光，氣氛十分恐怖。成千萬俄國人民在暴政下死去。

　　中國共產黨統治大陸的初期實行馬克斯主義的理想，沒收全民所有財產，清算及打死所有資本家，未被打死的卻捉去勞改虐

死在勞改營內。鼓勵人民互相舉報鬥爭，知識份子慘遭毒害。所以中國在被共產黨統治三十年的初期搞到國家一窮二白，人民生活苦不堪言，衣著襤褸衲上補衲，還天天生活在恐懼中。不少人游水偷渡去香港而葬身海裏或魚腹。

八千萬中國人民在各種鬥爭以及大饑荒下死去。

北韓古巴也如此，直至今天尚在貧窮中生活，人民失去應有的自由權利。

2021年七月十一日，古巴爆發了數十年來最大抗議運動。多個城鎮上萬群眾上街高呼喊道：我們沒有自由！我們快要餓死了！我們的孩子也快要餓死了！

越南也如此。胡志明領導的抗法戰爭，於一九五四年越共佔據北越後，在國際共產壓力下，即施行一列系共產主義的毒辣手段，弄死了近百萬人。

繼之又揮軍南下侵略南方形成十五年慘酷的越戰，令南北越軍民死傷超過三百萬和摧毀無數的財產。

一九七五年在強大的共產集團支撐下強佔南越，之後展現其在北越那一套，沒收土地工廠醫院學校，別墅大廈，車輛，貨倉，米倉，凍結銀行，集中生產，禁絕私人買賣，生活必需品以分配方式不得隨意購買，來往要有路條。常常開會洗腦，也鼓勵檢舉鬥爭。

但這一套在曾經過著自由民主生活的南方人民完全失敗。繼之又大肆捕捉前政權公軍人員及商人去勞改虐死；強奪人民房

屋，將屋主趕進荒山野嶺新經濟區讓其自生自滅，不知道多少人死在這情況下。在共產黨統治下情況十分恐怖。

並三次換鈔澈底貧窮化南方人民。南方人實在活不了，因而甘冒九死一生之險投奔怒海，形成1975-1985年的難民浪潮。死在海洋中及泰國強盜殘暴無人道的手下，不低於三十萬逃難者。

胡志明本是一位救國民族英雄，現在變為民族罪人，怪可惜！

柬埔寨更慘。這是毛澤東向柬埔寨輸出革命的大悲劇。當波爾布特訪問毛澤東時，毛對他說，在中國有很多攔路蛇未能實施真正的共產主義，希望你能繼承我的願望，於是給波爾布特大量軍援。他回去奪得政權後，立刻將城市內民眾驅趕進山林裏過著以擊石和鑽木取火的最原始生活。並展開對知識份子商人，舊政權軍人，公務員及民眾大屠殺，幾乎將近半數的柬埔寨人遇害，屍骨堆積成山，情況十分恐怖。這是歷史聞名世界的柬埔寨大屠場。

可以說，何處有共產主義，那裏就是人間地獄。主因在於馬克思所想出那套主義中的經濟政策脫離現實，加上政治主張獨裁暴力，以暴力強迫人民執行那錯誤的經濟路線，致使經濟全面崩潰，人民慘死，死於飢餓，死於迫害。

大家可知錯誤思想的災害有多大！

這也驗證了古代中國哲學思想家的格言：醫生錯一人遭殃；軍官錯一隊人遭殃；政治家錯一國遭殃；思想家錯代代遭殃。

共產國家從來不敢承認共產主義的經濟錯誤和失敗，只說改

革開放，不敢說在改革開放前人民一窮二白的真正原因，也不敢提他們曾經犧牲了多少條性命去驗證共產主義的經濟政策行不通。

今天共產所說的共產經濟政策都是改編的劇本。至於共產主義經濟的原版隻字不提。

前蘇聯領袖戈巴喬夫勇敢地說；共產主義只懂得宣傳和欺騙。

當北越共產黨佔據了南越時，一位北越女作家進入南方，一看見南方的社會繁榮民生富裕，頓時大哭起來好像她父親死一樣的慘哭，原來她被共產欺騙了二十年，她說：南方人民生活自由富裕，而北方人民生活如畜物一樣，怎可說是解放南方。

註：上述兩者均有他們說話的圖片，只是不便貼出來。

第八章
道德

　　思想哲學就是人類的信仰，道德是出自信仰，不同的信仰就有不同的道德觀。

　　道德是實行某種思想哲學教導的心得，是社會規範人人要遵守，就像在一條指定的道路上走。

　　道德即美德之道路。

　　道德觀念沒有準則隨時間與空間而改變或有所不同。

　　古代各位聖人先知都希望自己所倡導的思想哲學可以啟導人類走向一條他們認為是正確美好的道路，簡單謂「道」也就是社會的規範，在既接受的思想教導下能自我約束去實行，很有心得謂之「德」，在中國人社會裏稱之君子，陽奉陰違者謂之無德或被說是偽君子。

　　道德的奉行是為人品格高低的衡量，是好人與壞人價值的準則。真君子，終身斯守道德；偽君子，陽奉陰違，在名利當前就忘了道德，或者為了一點小事就與人大鬧起來甚至動粗，這都是

偽君子，是品德差的人。

　　道德的範圍很廣泛，就以中國來說儒家的四書五經所說的都是道德，例如三從四德，君臣父子兄弟夫妻孝悌朋友等是東方固有的道德，也叫倫常或倫理或綱常。如子女不孝就是犯家規犯倫常；媳婦不懂尊敬家姑家翁，兄弟不和也是犯倫常。數千年來中國人就在儒家思想的道德規範下生活，但當中只是教導勸諭，不遵行者只受到家族或社會的謾罵指責，而無法律強制實行。比如逆子大家都說他是無道德或犯倫理，並未叫做犯法如一般所用之傷人殺人偷竊罪。有些人很喜歡貪圖別人的便宜或有意傷害人，謂之無道德，在某些場合或會構成犯法。婦人外遇說是不守婦道會受家法逐出家門；失身少女是犯了家規倫常不能坐花轎出嫁，若遇嚴厲的家庭還會被浸豬籠而死；婦人殺夫犯下嚴重倫常會被處以點天燈或墊底，家族通姦是無德也是犯倫理倫常等等。

　　註：點天燈是在婦人頭上點燈讓其燒死；墊底是將殺夫婦人活埋在丈夫棺木底下。

　　這些東方人遵行了數千年的道德，隨著時代又有所改變，三從四德都已不存在，少女失足千古恨也消失，君臣父子夫妻孝悌存在的成份也不多。

　　宗教性質的思想只有伊斯蘭教是屬強迫性接受，因此也得稱為族名。他們認為可蘭經的教條就是道德，成為宗教法律迫使教民去實行。

非宗教性的共產主義思想，主張者認為這是道德，也成法律強迫民眾接受。

同一個國家，一區接受儒家思想與另一區接受共產思想，人民在性格道德上有著很大的區別，在「本是同根生相差何太多」一文中有詳細的分析文圖並茂。這個後果現在的共產黨領導人已有所察覺而逐漸恢復儒家思想教育。不過尚須好幾代的光景才可恢復原狀，正所謂的百年樹人。

（註：「本是同根生，相差何太多」取自《山中來人散文集》。）

道德分類

觀念道德

觀念道德是隨著時空而有所改變大有不同，是出於一個國家或一個民族或一個地方鄉村，或一個時代潮流。中國的三從四德，今天都已不存在，這是隨著時間而變的典型觀念道德。

原始的回教國家他門的民族婦女絕對不能拋頭露面，這就是回教的道德觀，違反者就是違反回教的道德也違反了回教的法律。但今天的各個回教國家中都有著不同程度的改變，婦女不僅可以拋頭露面，穿褲，而且還能在社會上或政權裡擔當要職。

沙地阿拉伯於2017年9月底還頒令准許女性駕車，繼之又開

放戲院放映西方影片及允許音樂演唱會。

又如婚姻制度也屬觀念道德；性的保守或開放等等都是觀念道德。

「孝」也是觀念道德。比如東方人的觀念對父母要孝敬，對父母的話要聽從，但西方人對孩子就沒有如此的要求。孝道中對父母的喪禮，世界上有著各式樣的喪禮習俗，即使同一國家裏也有很大差異，有土葬，有天葬，有火葬，有些只是念經，有些是打齋，打齋儀式中有些只打一夜，有些就一日兩宵，儀式非常隆重複雜。以上所述的孝之道都是觀念而已。

觀念道德也就是地方性道德，經不起時空的考驗。

真理道德

真理道德，是不受時空限制或改變，任何地方任何時代人人都能接受的道德規範，如上述的東方道德有部分已不適合時代被淘汰或淡化，原因是這部分古時代道德，經不起時空的考驗。

但有部分不會受時空而改變，如欲人尊重自己，自己必須先尊重人，己所不欲勿施於人，立己立人達己達人，將心比心，仁愛寬恕，幼吾幼以及人之幼，老吾老以及人之老，幼有所養壯有所用老有所終，貧弱殘疾有所助。

為人以誠以信，寬恕，禮義廉恥等等，可在任何時代任何國家都能適用，能使到人類社會和平相處一片和氣康樂。這就是真理道德。

自由與人權

　　自由與人權是屬道德規範，但在瞭解程度上有異。今天大家都說自由與人權是天賦的，要絕對尊重。其實並非天賦，只有人類尚在荒蠻時期，大自然的動物植物才是天賦給人類的食物。

　　自由人權是要經過多少血淚鬥爭才得來的，直至已是二十一世紀的今天，仍然尚有許多人的自由權掌握在強權的手中何況古時代，尤其是人類尚在荒蠻的原始年代更甚。所以說自由與人權並非天賦。就像原野的動物沒有自由生存的權利，分秒都在預備逃命以免被其他動物消滅；海中的魚類也一樣沒有天賦的自由生存權利，分秒都處在弱肉強食的狀態中。

　　自由與人權是在一起，有自由即有人權，有人權即有自由。

　　對政體來說，自由是公民選擇政治人物，自由居住，自由來往，自由擁有財物的權利，發表個人對政府不滿的意見，這是自由與人權。

　　對社會來說自由與人權是行使每個人應有的權利。

　　可是在獨裁政權裏，這些自由人權都沒有。在今天的世界裏仍然斑斑可見。

自由的上限

在自由世界裏，人民有很多的自由人權。但自由也有個規範。

自由以不妨害到他人，不得妨礙公眾利益，不帶給公眾的危險為原則，要以公眾利益至上，因為當中就有你的利益在內。對言論來說，自由可以說出心中對事對人不滿意的說話，但不可無中生有去中傷醜化政權或別人，或陷害別人為原則。換句話說，自由言論是話有根據並要負責。遵守自由範疇即是遵守道德。這才是自由與人權。

凡是有損害或妨礙到別人或公眾利益的言行，就不是你的自由和人權。

今天社會有個特別現象要討論。今天是2021年代有個特別現象是世界新冠肺炎病毒COVI-19蓆捲全球，令一億多人染病，兩百多萬人死於此病。弄到世界經濟陷於低潮，許多大小公司破產，海空交通幾乎停頓，國與國之間拉起封鎖線不得來往，進入國界要經十四天的檢疫措施。情況非常嚴重。

全世界很多城市政府勸告民眾，無事不要離家，並頒令出外者一定要戴上口罩，違者要被法治。

此令卻遭到部分人集體上街抗議反對，理由是政府剝奪他們的自由與人權。

此舉就是違反了上述自由與人權的規範。因為你不戴口罩會

將病毒快速的傳給別人，同樣的，別人也將病毒快速傳給你。如此病毒就快速傳遍各地，死亡人數也大幅增高，加重政府醫療負擔，加重醫療人員的風險，拖累社會經濟的復元。

　　不戴口罩害國家，害社會，害人群，甚至也害自己及家人，這個害人害己的行為，為何你要做？戴口罩是件簡單的事，益人益己為何要抗議反對？

　　這是因為這些人不明白自由的上限，濫用自由。也因頒令者不懂向示威者解釋清楚甚麼是自由及自由的規範。

第九章
教育在中國

　　教育就是傳授，有傳授必有學習，所以教育與學習是連在一起。人類由一萬年前的荒蠻時期進入極度文明的今天，是經過不斷的教育和學習所致。遠古人類學習很簡單，只有長輩如父母親傳授素以某生的技能，耕種織布狩獵捕魚及家中一些生活藝術等。

　　到了中古年代，以中國來說，在周朝才有最古的甲骨文字出現，但未明白當時是如何的教育傳受方法。有著明顯的教育是孔子時代以學堂來傳授其所提倡的思想教育，期望世人能以他的學說方針去改變人類的原始行為，建立一個和平共存的社會，使人類進入思想文明的第一步。

　　以後才有學堂來教導後生學習儒家思想直至近代。在五零年代以前的鄉村學堂多是廟堂作為學堂，也有部分以私人庭院或另建茅寮招生教學，學生各自帶來桌子和凳子，這個形式通常叫為私塾。學子懂得尊敬長輩孝順之道，以禮待人，尊師重道，年節多以閹雞糯米或美食敬師。

但所教的只限於思想文明，至於知識技術就不在學堂的範圍之內，要學技術即學藝就要到專業行裏去低頭忍辱當學徒。

約於清代中葉由於與西方之接觸才有正式的學校教育道德及西方的科技知識。

以中國社會來說，科學知識必定要在學校才能學到；而為人之道如四書五經禮記等也是以學校為主；至於子女的行為就要在家中由父母教導，因為父母接觸子女的時間多於學校，對子女的個性也是父母最清楚，所以矯正和響導子女的行為父母最為適合。

如何教導，如俗語所說三歲定八十，意思是教導子女越早越好，要是等到十歲才教恐怕時來已遲，事因習慣成自然往往教之不聽了。

有好家庭教育的孩子與無家教的，其為人是兩樣，甚至大有不同。

或許大家都見過有些相剋的動物能相處在一起，如老虎與豬成為好朋友，這都是老虎尚在幼小時就與豬在一起生活，長大後便成友而不是敵，要是長大後才將牠們放在一起，老虎不把豬吃掉哪才怪；人與獅能成為好朋友也是同樣道理。

經過教誨使到每個人都能認識自己及克制自己，這便是道德教育的目的。或許你曾聽過有人說「自己是最大的敵人」意思是

說很少人會認識自己是屬那一類的人，是壞脾氣是兇惡是貪婪是自私是奸詐等等，能夠認識自己所屬的類型已是難，還要約束自己的思想行為在道德規範內，哪就更加難了。

　　西方社會著重於科學教育，沒有如亞洲人那套社會倫常；素來亞洲人如中韓越的古代社會教育著重於倫常道德，但現代的教育已向西方看齊而忽略了古代的倫常教育，以中國大陸為例，科學進步，可是道德淪落，人無禮儀又無感情的冷面人。

第十章
教化後的人類是否如所期望？

　　人類在五六千年前是處於奴隸狀態，掌權者視所有在統治下的人都是奴隸，有戰爭就被捉兵，有工程如修水利，築城，建皇宮等等就被捉伕，在鞭策下帶汗帶血無酬苦幹，沒有回家的約期。

　　所以今天我們所看到古代遺留下來的偉大建築，應該默念當時人民在強權暴君下奴隸們的血汗功勞。貧弱者成為富者的奴役，所謂奴役就是為主人終身勞動沒有酬勞，沒有休閒的時間而且經常被主人毒打。

　　道路市集上搶奪劫掠無所不在，土豪惡霸欺凌貧弱處處，人與人之間偷欺拐騙無處不在，廣大的貧弱人民痛苦不堪哀鴻遍野。

　　救世的思想哲學相繼出現教導統治者如何治國體恤人民及改變糾正人類思想，約束行為懂得尊重他人，體恤他人。各種宗教及儒教都是引導人類從荒蠻進入人類的文明社會生活。但人類是否一經教育就如意的成為教化之人？

人類在教化後比起原始野蠻年代確有所改進，至少懂得殺人搶劫傷人是眾人不喜歡的行為，不敢明目張膽地做那些原始野蠻的行為。但每當利益當前時仍然無法自我約束貪婪之心和傷害他人的行為，這都是遠離教導的本意。世界上每一個國家的掌權人及地方官員他們都受過該國的思想道德教育，但有那一個國家的人民不被掌權人奴役壓榨剝削。上至皇帝下至小官走卒有那一個不貪污枉法，工商界老闆沒有那一個不是剝削工人致富。人與人之間只有益利至上，為利而爭，為利勾心鬥角，從官員到庶民觸目皆是直至現在永無休止。這些因素給共產主義崛起的好機會，導致人類史無前例大悲劇。

　　古代的帝皇個個都殺人如麻，甚至今天有些國家的領導人仍然殺人無數。不用說出來大家也應該知道是那些人物。

　　泰國的男子成年時就要到廟寺去修練佛理，照理來說泰國人都很慈悲，可是在一九七五年越南共產黨侵奪南方掀起了越南民眾海上大逃亡期間，原本慈悲為懷的泰國魚民卻做起喪盡人性良心的海盜來，劫財姦淫殺人無數；在一個海島上還發現有三百名逃難婦女供嫖客姦婬。由此可見雖經佛理的薰陶，可是仍然改變不了人的原野荒蠻本質，殘暴殘忍至極的行為都做得出來。

　　我的一位陳姓教授於1979年在加拿大倫敦市與他相遇，真是他鄉遇故知，他帶著一個八歲女兒，滿眶淚珠地說，他那隻船很不幸遇上了泰國海盜，劫了所有的金和鑽石後即開始強姦所有婦女，他的妻子極力反抗便被海盜扔進海裏淹死⋯⋯。一個佛教國

家不僅沒有同情心還要乘人之危做出與佛理完全相反喪盡良心的行為。

又以一般平民百姓生活中來說，有個虔誠的烌教女信徒每逢初一十五必到廟堂跪拜，她是做會的會頭，拿了會員所供的一大筆會金逃之夭夭。另一個是虔誠的基督教女信徒，每個星期天都在教會節目的電視臺上唱詩歌，也是做會的會頭，同樣的行徑騙走大批友人的會錢。滿口佛經聖經的人就是這樣的為人處世。這是我親眼所見的人與事。我還遇到有個虔成的佛教徒女居士，每天晚上八時就穿起灰色袈裟敲朴打鍾唸經，唸完經後把香拿出去插在門口的香爐，她右手插香，左手解紐脫袈裟，而口在大聲毒咒仇人。

在我人生經歷中所看到的，那些虔誠的宗教信仰者，十有八九都是私心極重的一族。因為在他們心中，信仰是為自己的利益而不是做好人。

道德教育教導人類不可侵犯別人的財物及身體當中也包括性事，可是貪污性事的犯罪無處無之，甚至那些受過嚴格教育被視為品德高上受人尊敬的神職人員如樞機主教，神父牧師，和尚大德，天天口裏都在頌經說德；教師，教授，律師，法官檢查官，立法人員等，當眼睛看見財與色時，即約束不了自己，就財慾薰心忘卻本身身份而甘心冒犯，知法犯法，立法犯法，何況一般庶民。

正是俗語常說，自己是最大的敵人，是說，了解自己已是

難，約束自己的行為於道德範圍內更為困難。

　　人類在各種為人思想教導下，比原始時代的確有所改善，但尚未達到期望的理想，大家必須繼續努力。今天的國與國之間，大家都為了利益正在準備幹一場你死我活，將會很快導致人類同歸於盡。

　　這也說明人類在教化後的成果，離思想哲學家的願望仍然有一段長路要走。

　　人類在教化後仍然是那麼的野性，這一點應該是哲學家思考的事。可是從未有一個哲學家提到這些問題，因為哲學家們實在不知道自己學哲學的目的是做甚麼，只知在課堂內講台上談天說地，說一些令人難以理解的玄奧之詞。

第十一章
道德與修養

道德與修養

　　一般是對個人來說，道德的教化是否能使人類真正脫離原始的蠻性，就要看道德的修養，就要看人的思想言行的表現。一般是在日常生活中，平民至到國家領導階層的言行都能依道德規範，謂之道德修養，換句話說，受過真理道德薰陶都能做得到，叫做有道德修養，謂之君子。就是體現於一個人受過道德薰陶後的思想觀念與行為。要是陽奉陰違就是沒有道德修養。如上述海盜及社會高層人仕行為便是。

君子之風

　　思想行為要有涵養也叫含蓄或修養是道德之實踐，是人格品德高和低之度量。不做害人貪婪之事，說話行動不能放肆，不

可動輒就發脾氣，不可意氣用事，做人要有風度，談吐得體，說話不破壞氣氛，不傷感情，話不傷人，不要令人難堪，要謙虛不自誇，要服善，不狡辯，不強辯（在必要的場合例如有人惡意中傷自己或歪曲歷史才可辯正），不貪婪，不貪別人的小平宜（便宜），能夠原諒別人的小錯，終身廝守道德，不可陽奉陰違。有道德修養的人對爭執事的處理是將大事化小事小事化無事。

相反的雖有受過道德薰陶但缺修養，行為做不到如上所述，還往往將小事化大事，大事變悲劇，與沒受過道德教育的人沒有什麼兩樣，謂之沒有道德修養的小人。

一個真實的故事：我有個同鄉，他在鄉下是個古文老師，詩詞歌賦素養不錯。那年他做七十歲生日很多親戚好友都到來道賀，當中有位熟人向他敬酒並說句賀詞：向壽星公敬杯酒，古人說「敬老得福敬牛得穀」。話剛說完那位壽星公勃然大怒，大罵來敬者：你這個烏龜仔，你把我當牛來看……。這一怒相令到大家都不好意思，本是一句很通俗的鄉間賀詞，卻弄到場面尷尬起來。一個飽讀經書很明做人道理的人，而做出如此的場面令人惋惜。這類人我們說：有學識而無修養。

小人

小人是指那些不守道德或不識道德的人，即缺德。很多時我

們看見一個人外表賓賓有禮，但往往為了一點小利或一點小事就與人爭鬧起來；這就是缺德的小人，或說話口不對心，這也是缺乏道德修養。

2017年10月9日在網看到一幕悲劇：兩個兒童爭玩具，兩名母親吵起來而動武，兩名父親加入戰鬥，繼之雙方親友加入混戰，用硬器互相扔擲，結果其中一人被打成植物人。這都是不懂處世道德為人道理的一群，小事化大事大事化悲劇的結果。

如果兩名母親懂得勸諭自己的孩子，然後誰的玩具歸誰不可爭，若是公共玩具就輪流玩，這樣那會有大事發生和悲劇的收場。不僅是無道德修養，還是缺德。

我年幼時鄰居的小孩經常過來搶我的玩具，我母親不會魯莽地掌摑別人的孩子，只低聲的勸諭說這不是你玩具不可搶，回去叫媽媽買個給你，甚至有時還叫我借給他玩一下。如此多完美的解決。這就是所謂的大事化小，小事化無。母親雖沒在學堂受過教育，但是在儒家思想社會中長大，撿拾了為人之道，懂得如何與人相處，還教道我們對人要忍讓。這是美德。

有件發生在本人身上的事：在讀中學的某年暑假回鄉，有一天我探朋友之後騎著腳踏車回去將近到家，看見很多人擠在我家門口望進屋裏好像發生了甚事便加快腳力回去。到了門口看到兩位親叔叔大聲指罵我母親還想動粗，兩人一眼看到我便快步走

出門外幾公尺停下來站在那裏，我便下車把車停靠牆邊（茅屋竹牆），其中一名叔叔指著我大聲說：你敢過來我就打死你在這裏。我不慌不忙地慢慢走近去，兩人作起應戰資態，我停在他們面前說：兩位阿叔，我來不是跟你們打架，你們想想，兩個大男人喊打一個女人，而又是你們的親嫂嫂，一街二巷的人看著你們，你們覺得好意思嗎？他們聽後覺得面目無光便調頭走回去。

這便是大事化小小化無。假若當時我魯莽就進屋內拿出開山刀向他們砍去，哪後果真的難以想像，小事化大大事化悲。

對一件事懂得處理與不懂得處理是兩個大不相同的結果，是有道德修養與無道德修養之區別。

在二○○幾年的某日，有位梁姓女客人遺留一個銀包在我店裏，照一般人會把它拿掉，到失主回查問時，只說沒看見即了事。但對我來說是不能這樣做，我原封不動的保留起來，幾天後失主回來領回，原來內有二千多元加幣，她除了感謝之外還拿出一百元給我以示謝忱，被我婉拒。

第十二章
祈禱與和平

　　祈禱是所有宗教信徒幾乎天天都做的儀式，不過他們都是期望神靈帶給他們的幸福，換言之是在謀求個人利益。

　　至於祈禱世界和平的多屬團體性質，典型的如羅馬教皇每年都有舉行世界和平祈禱儀式。不僅於羅馬教皇，佛教及其他宗教亦有如此。

　　近二十年來，印度新興的一個類似宗教的信仰叫做Oneness靈修學院，由Amma和Blagavan所創辦，宗旨是Deeksha意思是啟發人類心靈點化開悟。此學院來了很多世界各宗教人士醫生藝術人士等到來靈修。還有和尚尼姑24小時在祈禱世界和平。

　　2020年3月初，新冠型肺炎COVID-19迅速擴展，計至2021年4月17日得病人數一億多；死亡人數二百多萬，以美國最多，當中有醫生護士及多名參與救災的神父牧師神職人員。為何神不打救他們尤其是那些醫護人員及參與救災的神職人員。教宗在祈禱平安，能起作用嗎？這並非是反宗教，而是說明宗教中的神明只是

信徒心中的想像，實際並非存在，祈禱只是扮望並非真正得到。

人們有否見過有那一場戰爭可用祈禱來解決，有那一場天災或人禍可用祈禱來消除的？

不過宗教雖是迷信，由於信仰有著同一個心向同一願望造成一個力量，正所謂的眾志成城，在社會上有著不少的貢獻，

如組織慈善救災機構，建立學校醫院，以及許多古代偉大建築物，都是信眾同心合力所建造的。沒有宗教，社會就少了很多建設，也沒有古代那些偉大的建築物留給今天的人類。換句話說古代那些偉大的建築物大多數都是出於宗教的力量所建造的。

要想使到人類脫離苦海，就要以真理道德澈底改造人性才是最有效的方法。有好的德性才有好的家；有好的德性才有好的朋友；有好的德性才有好的社會；有好的德性才有好的社會國家領導人；有好德性的國家領導人國家才有民主政制，人民才活得安樂愉快；世界各國有好德性的領導人，世界才有和平之日。

戈巴喬夫是目前人們可看見一位最有良智道德好榜樣的和平使者，是世界人們的英雄，若沒有他的出現，上世紀的冷戰或許已成了熱戰爆發第三次世界大戰，不知死多少人多少財物被損毀。這給大家的啟示，人文哲學中的良心道德才是真正消除災難及造福人間之大道。

中國的孫中山推翻了滿清政府後當了大總統，這時袁世凱想

要爭他的職位，為了國人免於再受戰火的災害，於是拱手相讓自己回去做個平民百姓。這也是個良心與道德才能避免人類災難的好例子。

第十三章
信仰及道之誤解

　　古人認為到一處無人煙的深山或山洞裏去靜坐修練可會成仙。在那裏用各種重金屬陶冶煉成仙丹供帝皇食用以延長生命盡享其至高無上的人生，那些常吃仙丹的皇帝都因此中毒而早逝成仙。有些則認為在深山裏修道可會成仙。

　　所謂修道即修身也，約束自身於道德中脫離原始性質即常說的蠻性，在思想及言行循著「德」之道路上走，謂之德行，非修道成仙。

　　中國人所崇拜的佛，心中都期望著佛祖降福給其本身和家人，這都是錯誤的思維，因為佛不是神仙，以佛的理想去普渡眾生脫離苦海，得到世人虔誠的敬拜，稱之為佛。

　　所謂普渡眾生脫離苦海，意思是以佛的思想道理普及人間，教化人類脫離那原始野蠻殘忍貪婪的行為，人類就沒有出現那麼多的痛苦慘景。

修道並非祈禱得福

　　這一點所有的修道者都做錯了，有些進去深山裏修道想成仙，有些則想能見到佛。有些就帶著一個不正確的理念進去廟寺裡頌經拜佛，甚至還有些修道者只歡迎有錢的進香信徒，對沒有錢的來者以不歡迎的態度對待；幾乎所有信徒拜佛都是祈福求自己及家人得到平安且發財，完全違反了修道及拜佛的真義，也就是違背佛祖的意願。

　　修道是鍛鍊自己的端正思想，約束自己的脾氣與行為在正確的道路上走，聽佛言修善果行善事，行事以慈悲為懷，不欺騙不虛偽不作惡，多施於人而不貪念，懂得憐憫別人的痛苦，互相關懷。如是這個世間再也沒有互相陷害殘殺虐待暴行，無人受苦受屈，誠意與大眾和好相處，建立一個公平和諧康樂的社會，這個世界便成為人間天堂。那就是人們常說的西方極樂世界，這才是佛祖偉大的思想願望。正如府城廟寺的門對名區：做事奸邪儘汝燒香無益，居心正直見我不拜何妨。這說明你可以見佛不拜，只要遵守佛道為人即可。

　　觀世音菩薩很多地方都建有觀音廟，大家都去廟裏求福，很多不育的夫婦家中都有供奉觀音希望觀音送子。這一切都是為自己和家人的福而為之。其實並非如此，所謂的觀世音，意思是觀察人世間的聲音，觀音曾說過：世間上只要還有一人受苦我都不

成佛。這是什麼意思？世人常說的，觀世音救苦救難，難道觀音菩薩走進監獄裡或到黑社會的刑房裏把正在受苦受屈的人救出來嗎？都不是，哪觀世音如何去救苦救難？答案就是上述的聽佛言有愛心行善事，人人如此世上哪還有受苦受難的人。

放生

佛教有個儀式叫做放生，每年陰曆七月十五信徒們帶著鳥類或其他生物到寺廟去在佛祖或觀音菩薩面前放生，以求賜福闔家平安發財，此舉說明他們都不解放生之義，一舉一動都是為私利而行。放生的原意，佛祖不僅勸人不要殺生，甚至看到受困的生物都要將牠們解放出來，並非放生給佛祖菩薩看而求福。只有施捨，濟人之急才是佛道之善舉。

放生之舉，除了出家人及素食者之外，一般吃葷的肉食者都沒資格去放生，因為肉是殺生而得。

有些極為虔誠的信徒三步一拜甚至一步一伏去朝聖弄到焦頭爛額，其實佛祖並沒有教人自虐，此舉並沒未能達到佛祖的期望普渡眾生脫離苦海，反而看見信徒誤解其原意自虐受苦會令佛祖更為痛心。

信仰與宗教信仰

信仰

是腦海中的理念，是抽象，每當有事情發生不能解決時，心中就想到某種力量的所為，最常聽到的名稱是「鬼」或「神」，這種理念是起源於源始人類，甚至迄今在世界偏僻的村落仍然存在，且說在原始時代的人只知魔鬼帶給他們災難，而神明才能為他們消災。稱之為神權時期，但這種信仰並不能說是宗教信仰。

宗教信仰

也是信神信鬼，是有一套學說和組織給信眾去遵從。

儘管原始人相信的鬼神，和現代人所信的鬼神，都是迷信，原因是信而不求證。

迷信與信仰

迷信與信仰都是相信，相信而不去求證，或只為自己的所信而辯護不理會其是否存在是否事實，這叫做迷信。如神權時代的信奉，和近代的宗教信仰者皆是迷信。

實現儒家思想的相信者，遵從儒家的教條教導人們從荒蠻進入文明形成儒家思想治國造就良好的國家和社會，這也是信仰但就不是迷信，因學說中沒有神靈論，沒有教人盲目地去相信一件不需要經求證的事物。

　　至於拜奉祖先的亞洲人，相信其祖先能為其家人消災保佑平安所做的儀式，這是迷信；若是做儀式以紀念其祖先來源及保留其風俗習慣的心態，這就不是迷信。

　　土耳其國父凱末爾也如是說，信而不能求證的就是迷信，不能用迷信的教條來治國。

小故事

　　清明節是中國人追思先人的一個重要日子，一個信神的基督徒和一個敬奉祖先的常人一起在掃墓，那個基督徒手拿著一枝鮮花站在墓前合掌口裏喃喃地唸，之後把鮮花插到墓前又喃喃幾句離開。他看著隔鄰的人擺著那麼多的食物在拜祖先，他便笑著說：朋友！你擺那麼多的酒菜，你的先人何時起來吃啊？那人也笑著回答：哦！簡單，你的先人起來接收你的鮮花時，我的先人也就起來吃喇！

　　彼此彼此，你不笑他，他也不笑你，大家都一樣。

迷信而失人情

　　過於迷信神靈而往往令人不滿。比如說，一個信神的人處於極艱難或危險地境裏，得到別人幫助或救助時，他首先要感謝的不是恩人而第一句就是感謝神，因為在他心中是神派那人到來幫他的。此舉往往會令人對那些過於迷信的人產生反感而局限了日後的好心。救助者在想，明明是我幫你救你，未感謝我而去感謝神。雖然向你伸出援手的人，並不希望你對他有什麼的報酬，但起碼也要知道施援者對你一片好心，而先要向他說聲感謝好讓他心中覺得他的幫助是值得的，不應因迷信而忽略了人情。要明白，若沒有好心人的施援，受困者或許會永遠受苦；處於險境者或會喪命，神也救不了你。

第十四章
人道

　　人道是思想哲學中主要課題，也是道德，道德範圍是人際簡的交往態度，不過一般來說都是指愛心與憐憫。如憐憫人類憐憫靈性生物。人道是不令到別人受苦，要懂得感受別人或靈性動物身心所受的苦楚。虐妻，虐童，虐老，虐殺殘殺同類，不僅對人類，對畜物如殘忍的虐殺犬類尤以生吃猴腦等，都謂之無人道。

　　2019年7月中旬，網上有段影片：有個越南嫁到韓國的女孩，已生了一個兩歲小孩，被丈夫當著小孩面前將其母狠打至斷肋骨，這些行為謂之極無人道。

　　暴力對待勞工，沒有適當的居住和餐食，沒有醫療保健，工作超時沒有補償，還不准與外界聯繫，只顧主人自己的利益而忽略別人的痛苦，這都是無人道。

　　又如，在網上看到一群大人圍毆掌摑腳踢一個九歲兒童，這很無人道，圍觀者甚眾，竟無一人伸出援手這謂之無同情心，屬無道德的一群。

　　有一幕將一個偷麵包吃的七歲兒童被拖到街上讓一大群人圍

毆，並用大石頭扔破頭滿身是血，最後還用一個舊車胎套進身上點火焚燒致死，這謂之極無人道。

在回教國家有個十六七歲女孩穿牛仔褲出街被一群人圍毆並用大石頭將她的頭擲破致死，這是極無人道。

自從回教國ISIS成立後，在網路上公開他們的殺人過程手段極之殘忍，這都是極無人道之舉。

今天已是二十一世紀，在泰國偏遠的地方仍然保有一個風俗丈夫不幸死去，妻子就被活埋陪葬。這也是極無人道之醜俗。

罪有應得

將一個犯人處死，在道德眼光上看是無人道。但回想一下被處死的犯人都屬殺人犯，他曾殺害別人有些更是無比殘忍，既然取消別人的生存權利，在道德理論上要有公平待遇，就是也要取消殺人者的生存權利。

今天所謂的文明國家，人們往往譴責處死殺人犯的政權，而不譴責兇殘的殺人犯，對那些譴責者來說他們是在講人道，其實無形中給殺人犯一個很大的支撐。因為這群人只想到施害者受懲罰時的痛苦而沒想到施害者殘忍地殺害受害者當時的慘況，對受害人及其家屬來說是很不公平。

對曾經做出殘忍的殺人犯的懲罰不能說是無人道，是罪有應得。正如中國古時即有「欠債還錢，殺人償命」就是說欠了別人

的錢財一定要還，兇殘無道褫奪別人之生存權利，你的生存權利也要消失，這才公平，同時也警告大家不可殺人，殺了人後果也跟被害人一樣會被人殺，以儆效尤免於更多的人受害。

慈悲與人道

戰爭時雙方都在殺個你死我活，但當敵人放下槍械時就不再視為敵，所謂的「持槍是敵，棄槍是友」。這是慈悲與人道在一起。敵人既棄械投降還要被殺，不僅無慈悲也無人道。

賓拉登是特殊場合，他是通緝犯，活殺他可避免更多的人被殺；如果活捉，他的手下會來搶救造成更多死傷，所以要殺他，因他是罪惡的主謀殺了不少人，若不殺他以後還會有更多人被殺，這是有衡量的正確價值觀。與執令的士兵不同。

人道觀念

人道觀念，不僅國與國之間有異，就算同一國家也會出現不同觀念的區域，如美國就有些州有死刑而有些州就沒有；贊同死型的人說，殺人者償命，罪有應得；反對者說，被殺的已死再殺多一個也無補於事。無論觀點如何都要以受害者當時的慘況來衡量給予施害者應有的定罪才是正確。

又如，狗是靈性的動物能做許多人類無法做的事，很有人性

對人類很有感情，殺害或虐待都是不人道之事。可是很多地方卻養狗來吃肉，他們理念是，吃狗肉也如同吃豬牛羊沒有什麼不妥之處。這也是道德觀點的一幕。

很多地方的奇風異俗習帶給受害者的極大痛苦，這也是出於道德觀點，但在正確眼光來看，這是不應有的不文明惡習，絕對要取消。

人道的極限

2017年菲律賓總統杜特爾特（Rodrigo Duterte）當市長時看見國家社會極之腐敗，原因都是出在吸毒與販毒及那些包庇的官員，因此對那些危害國家社會的吸毒販毒包庇者下鐵手腕格殺勿論。

此舉雖引起人權組織的反對說是無人道，可是只有鐵手腕才能挽救菲律賓國家社會免於腐敗，是唯一收效的執法。這種做法我們不能說是無人道而是除害，原因是對眾多的人是件好事，挽救國家社會免於腐爛而滅亡。因此贏得多數國人的贊同而當選總統。

人權組織紛紛起來反對杜特爾特（Rodrigo Duterte）的無人道，但對菲律賓國家及社會的腐敗殘害百性，甚至可能因此導致菲律賓亡國，他們有否考慮到，只知反對而毫無責任，這是什麼型的人道？

正如越戰時期，越南共和國政府懲罰那些鬧事及恐怖行動的

越共潛伏份子，卻遭到人權組織的干預，終於南越政府給越共弄垮，百多萬南越政府的公軍人員及商人被捉去勞改虐待，二十幾萬人慘死勞改營，三十多萬逃難者慘死於沉船及泰國海盜的殘忍手下，卻沒有任何人權組織出來承擔他們曾經做過那些無智的行為。這是什麼人道？

又如2001年9月1日賓拉登發動攻擊兩座商業大廈損失了三千條性命及大量財產，美國與阿富汗聯手要追殺他。在十年間已花了數百億美元及犧牲了兩千多名士兵仍然找不到蹤跡。後來發現市內一間別墅很少人進出，從來不見有人出來倒垃圾，更奇怪的是在一個已是網絡時代，怎麼連電話也沒有？在一段長時間的探索美國才發現賓拉登的收藏地點，原來阿富汗政府故意把他藏匿起來，每年向美國伸手要數以億計的搜索經費。於2011年奧巴馬總統便私自派隱形飛機去追殺他。此舉卻被阿富汗政府及多個國家批評譴責說，美國不遵守國際法理先通知主人國就派飛機入侵，同時也無人道的格殺手上無武器的賓拉登。

這些都是無智及不明事理的人。要明白幾許千辛萬苦才找到他的下落現在又來通知阿富汗政府，政府必將他轉移地點，那就夜長夢多了，今後不知還要死多士兵和花多少錢財也不一定覓獲他的蹤影。如果活捉必定會有救兵，死人更多，所以美國此舉完全合乎人道，合情合理。因為要是賓拉登還生存，他定會發動更多的恐怖襲擊，死亡人數就不止三千了。這也是衡量正確的價值觀。

為了國家社會的安全可另行一套法令以挽救國家社會，人民就要暫時犧牲部份的自由與人權。

所以要判斷一件事情的是與非，必要格物至知正心，才去論定。

公德

公德維護公眾利益，對公眾利益的捐施謂之公益心，此德行謂公德或公德心；相反的，貪圖公眾利益，或故意破壞或浪費公共的東西，弄髒公共場所公物等，謂之無公德心。

第十五章
法律

為何要有法律？

　　人類雖然經過教化而能自我約束走上道之道者太少。以中國來說，從古至今做官的人個個都是飽讀經書，但有幾個不是貪污枉法，還是互相陷害，這便是帶來給社會的不公和災難，說道德談何容易。所以說只是教化和勸諭是無法有效地使人類戒除那貪婪慾望及原始蠻性心態行為，因此要用力量去強制違反規範的行為，謂之法律。一般是由政府或團體定制再由執法人員去實施。

法律是甚麼？

　　有些學者說，法律與道德是兩件相反之事，道德是鼓勵，而法律是禁止。此說會導致人們對法律的誤解而討厭法律；或說道德是補助法律的不足，這還是不很理解甚麼叫做法律。

上面曾述過，思想系產生觀念，觀念生道德，道德要力量去維護才有效，所以說，

法律是政府以力量去強制人民實行該地社會認為其思想哲學最基本的道德觀，每個人都在應有的範圍內行使自己的權利叫做道德也是公約，超越範圍便是侵犯別人的權利，是無道德不遵守公約就是犯法。

簡單地說，法律是維護道德之力量，是限制也是維護每個人的自由權利，言行超越該地的道德規範就是犯法。

法律的形式

古中國法律

人類尚在部落時期不知什麼是道德，更不知什麼叫法律，一切皆聽從猶長命令行事。到有了疆土國家之後一切都要聽從君皇命令和意旨，只頒佈一些維護皇帝和皇族權益的條例，這不僅是古代甚至二十一世紀的今天在獨裁的國家仍然如此，雖有憲法和法律，只是形式而已，一切都要以國家最高領導人的命令為準。

古代沒有成形的法規來維持社會秩序和公平，弱肉強食無處無之無時無之，強者得勝，眾者得勝，所以說人多人強。

似乎到了周朝才出現一些簡單的條例用在民間。到了漢代漢高祖為了取得民心才頒下一道法令「殺人者死，欠債還錢」甚

得人民歡迎。可見在此之前根本就無成形的法律可言，就算有也極其簡單。別說遠古，近在一百幾十年前的年代，仍是一處鄉村一處例斑斑可見，州有州例，府有府例，村有村規，還說鄉規勝皇令。鄉村裏受欺者只有自衛，若族人受欺就族與族以武鬥來解決，若村裏人受別個村莊的欺凌，也是村對村以武解決，很少到官府去投訴即所謂的告上官府。就算投訴也得不到公正合理解決，有勢或有錢必勝。故欺姦搶殺是常見之事。要是人寡無能力者只好向強者屈服，逆來順受情景當然是悲慘。這些情況一直維持到民初才逐漸消失。

現代社會法律

社會越文明生活就越複雜，法律比過去的要嚴厲得多。國有國法，軍有軍法，民有民法，商有商法，社團法，私人合約法，國際有國際法，每種法律都是多本厚厚的典籍，要去學習數年才可完成。

至於國法，每個國家都有其法律，有大同小異，也有大異小同。

很多國家除了國法之外尚許多不同的民法，正所謂的一處鄉一處例，甚至現在仍然有些鄉規凌駕於國法，是鄉村的觀念道德，入鄉問禁以免觸犯鄉村禁例。

慈善也是在道德的範圍之內，如同情心捐款做義工，正義感亦是，但法律並不強迫去做，只是勉勵。

但另一方面法律不僅約束每人的行為在道德規範內，還約束某成份的人去做國家規定的事如納稅，義務勞動或兵役等，即上述的公約。

　　法律不像科學，一個學電子工程師去到任何國家都可以應用，但律師就不行，必要另加學習該地的法律才可執業。

法律與道德觀念

　　國家或地方民族的思想信仰所形成的地方風俗習慣產生道德觀，道德觀又隨著時代及地方的變遷而大有不同，所以法律是隨國家或地方道德觀以及時代而定，可以說法律是出自思想系的道德觀念。

　　以婚姻來說，每個地方都有不同的婚姻觀念，一般情況結了婚的男女都不可有第三者，但古代的中國一個男人可擁有多妻，但女人就不能，一如今天的回教徒，在法律上男人擁有一妻三妾並不違法。同是中國，有些地方一妻多夫或集體婚姻，就是說兩個女人可以嫁給三四個男人在一起，反過來兩個男人可以一起娶三四女人；或兩兄弟各有妻子但共睡一床不分彼此；有些地方婚後夫妻可各自擁有性伴侶，沒有法律可以干涉也沒有說不道德之事。

　　在歐美國家的人民不可對來犯者施以私刑。比如對小偷插手搶劫，姦婬人妻或人夫等都不可施以私刑。可是在亞洲及其他多

個國家，對來犯者施以私刑是正常的事。

以殺人來說，大多數國家訂定殺人是死罪，但有些國家沒有死罪，就算同一國家也有地區不同，美國便是如此，州與州之間的法律都不同。又如原始的回教，將那些沒有家裏男人陪伴外出的女性，就算全身包裹著仍然被人用石頭扔死是理所當然的；穿褲的女回教徒走在街上也同樣被扔死，在今天的年代在網路上仍可看到如此殘忍的一幕。對回教來說是因為她違反了回教的道德，是該死的。

約於2010年在加拿大有個回教家庭的少女因穿褲而被父兄打死的慘案，被處以殺人罪。這是因為加拿大人的道德觀對穿裙穿褲是個人的絕對自由權利沒有道德上的不對，沒有這條禁止的法律。

2016年11月19日在網路上看到一幕慘絕人寰的影片。在奈及利亞有個七歲男童因肚子餓偷了一個饅頭被捉到拉到街上被一大群人圍毆，拳打腳踢致頭破血流滾在地上，又被另一男子雙手舉起一塊石頭用力扔下去，血流滿地，還未罷手，又將一個舊車胎套進他身上點火焚燒至死，很多旁人在圍觀。夠悽慘夠殘忍無人道了！可是在那個國家是司空見慣又是合理的事並無法律的干預。

此場合要是在文明國家一個兒童偷麵包吃，不僅沒有受到懲罰反而還會得到很多人的解囊相助，絕對不可以如此無人道的去傷害一個兒童。同是人類一件事兩樣情，無情與有情。這是思想理念的差異，道德與行為就大有不同。

2018年1月在網上還看到一幕偏遠的泰國山區仍然保有極度殘忍的風俗，丈夫死後妻子被壓底活埋陪葬。

無論是什麼地方，什麼時代，何種風俗習慣，這都是無人道，只是他們不懂得什麼叫做無人道而已，因為他們尚處於荒蠻未開化的狀態中，不能因此就認為他們這樣做是對的。

從這個例子我們可明白人類在尚未經過教化時的自然狀態，不知何謂善惡，何謂殘忍與慈悲，更沒有同情心。這就是研究哲學的目之一的。

思想生觀念，觀念生道德，道德生行為，而法律是維護道德，即約束行為於道德。

觀念隨著時間會有所改變，法律也會改變。

隨著時間和環境的影響，觀念會有所改變，法律也隨之改變。以前認為犯法甚至被處死，現在就不再是犯法。比如今天已有些信奉回教的國家人們都有著近似西歐人們的生活方式，女性可以穿褲唱歌跳舞；又如今天的阿富汗（2020塔利班重回掌政之前）及不少回教國家女性可在各行各業當要職，甚至在政府機構當高官要員；土耳其也禁止女人穿著罩袍出街，就是說女性不要再像以前那樣包著臉出街；沙地阿拉伯2018年約於6月允許女性駕車，並開設專為女性服務的車行，還鼓勵女性參與各項社會建設增強社會經濟。

古代的中國的女性要守三從四德，不遵守者就是無道德，被眾人譴責甚至被家法處理。這些現象是由思想信念的教規都已解禁開放，不過是永遠開放抑或是暫時性還要看統治者對其信仰思想哲學的觀點而定。換言之，人民的痛苦與快樂是隨執政者的觀點而定。以上這些現象都是出於該地社會道德觀點所致，有禁止有許可，大不相同的法制。

　　東西方的家庭道德觀念與東方有很大差別。以家庭教育來說，中國人對孩子的行為有很嚴格的管教，稱為家教，認為養不教父之過。至於於那些沒有禮貌或行為不對的小孩，被人罵為「無家教」對家長來說是很丟臉的事。而西方人的觀念就很不同，認為對孩行為的管教視為虐童，為法律所禁止。這一點，對於那些亞洲初移民有很大的衝擊。曾有不少亞洲移民父母受到很大的羞辱。

　　原因是，那些頑皮不聽教的小孩被父母打了幾鞭屁股，小孩便報警，這是老師教導這樣做的。當警察來到，便將父母在小孩及眾人面前鎖上手銬押進警車。

　　作者對這方面的意見是，西方的教育注重於知識技能的教育，卻疏於道德的教育。要明白，個人就是社會的一個單位，人品的好壞會直接影響社會的質素。而人品的好壞是出自家庭教育。父母對小孩的管教目的是想孩子成為個好人，對自己的前途好，對社會也有正面的影響。東方人視管教孩子為己任，是神聖的責任。然而到了西方卻被視為虐童罪犯，當著孩子及眾人面前

鎖上手銬押上警車。此舉不僅失去做父母的尊嚴，還會給小孩們一個錯誤的訊息以為有警察在支持他們的行為。以後不再聽從父母的教導，此概念將會成為社會上壞份子的因素。這一點西方人並沒有體會到。其實西方人對孩子的管教並非沒有，西方也有句成語「吝惜鞭子，壞了孩子」但他們都沒留意到。

筆者在二〇〇二年將上述情況上書總理，國會，聯邦司法部，教育部，以及本省省長，教育廳，司法廳。到了二〇〇四年，聯邦司法部頒佈一道法令：對兒童適當的體罰不再是犯法。改變了加拿大一百多年對兒童體罰的法律。不知是否與作者的上書有關？

人民的痛苦和幸福取決於國家領導階層的觀念定制的法律。

以中國和越南柬埔寨的近代史來說，在共產黨執政前人民過著自由生活，在共產黨執政時他們認為以前民主社會生活是屬於墮落靡爛必須改革，因而帶給人民史無前例的大悲慘大災難。

在西方的社會影響下，今天共產國家的思想觀念都大有改變，以前法律所禁的，今天都已解禁不再是犯法。比如做生意和私有是投機倒把走資派必處以死刑，如今可以大做生意發大財，不再是犯法，過去的禁，今天則鼓勵去做。不過已經害死了不少人，死得冤枉。

回教方面，以土耳其來說，在原始的回教教條中或說絕對

回教，有很多過份的規例尤以對婦女更甚。後來在凱末爾將軍於1922年執政土耳其後即展開一連串的改革。將土耳其改為共和國與西方社會接軌，不能以迷信教條來統治國家，語文改革，自由信仰，宗教平等，伊斯蘭學者的頭飾於1925年後不能用作政治工具，男女平等，婦女不再強迫戴頭巾，穿著自由，對婦女來說實是一大解放，開放劇院戲院。回教規制在土耳其可說是大革新，以前嚴厲至極的道德規制現在的觀念又不同了！

巴基斯坦在2001年代已有很大尺度的開放，但有些地區仍然嚴守原始教規不許女性上學，著名少女鬥士馬拉因爭取女孩也可以上學而被鎗殺，大難不死必有後福而博得最年輕十六歲諾貝爾和平獎。

可是又在2014年間又出現一個想要恢復原始回教的國家叫ISIS向全世界不信回教的人及不同派系的人大開殺戒，令全世界都在他的威脅恐慌中。

要是回教的教條沒有改善，不僅在其統治下的女性受到慘無人道的痛苦，自由人權全被剝削；又因原始回教不尊重別人對宗教的自由選擇權利，視不同宗教的人為敵，這樣人類因宗教而戰爭將會永無休止，人類就無法達到和平相處的地境Utopia的理想國。

從上面所述看來，原始回教的國家已經走向改革開放，不僅對回教的婦女是一大喜訊，且對不信奉回教的人及國家的威脅也

已逐步減少，這都是人類社會的一個好現象，也是思想觀念隨著時間與空間有所改變，道德隨之而變法律也跟著變。

第十六章
人類的紛爭

人類的紛爭有兩類：利益紛爭和思想紛爭。

利益紛爭

國與國

　　國與國為了利益而起爭執就是戰爭，古今中外在國與國之間一直都是戰個不停，有些是強國併吞弱國，有些是想擴充領土強佔鄰國部分土地，有些是搶奪資源，這些都是謂之利益戰爭，這類戰爭常見於古代至今仍有，就以我們眼睛所看的如日本對韓國中國及東南亞國家進行侵略，俄羅斯對克理米亞的侵佔是個好例子。

　　近代國際間還出現新名稱**貿易戰**，這正是直接爭錢的軟戰爭，2019年是中美貿易戰熾熱的一年。

朝廷官府權力鬥爭

權力鬥爭即爭權奪利，有兩人以上就有權利鬥爭的出現，是人之本性。說到權力鬥爭大家都想到政治高層人物拉攏黨派鬥個你死我活。

朝廷官府內有兩種形式的鬥爭：

暗鬥

這些現象常出現於一黨專政的獨裁國家。暗中各自拉攏強人站在自己的一邊把敵人推翻奪權；有些是由暗鬥演成公開化的武鬥奪權。因為他們沒有別的門路可以爭奪權位，所以才有暗鬥。

明鬥

是公開爭取人民的擁護即爭取選票，叫做明爭，這是民主形式的權力鬥爭。

暗鬥災害很大，在中國文化大革命其間不僅死了數千萬人，無數價值連城的雕刻古董古畫被毀，連傳統書幾乎無一倖存。當這場暴亂終止後，有關文化機構立刻到香港搜集了港臺書籍萬本回去重整失去的文化。雖然如此，但因為斷層三十年才把它焊接回來，但銜接得不很完整仍有很多的缺陷，如很多辭語文字的應用法都與傳統的有所不同，人民的道德與感情大不如1949之前的完好；許多少數民族的傳統文化風俗習慣也都消失。只是一個人

的利欲薰心就會出現一場如此驚天動地的大災害大浩劫。

這些現象在獨裁國家永無休止。

社會

有社會就是有團體，如公司，機構，廠商，教堂廟宇‧學校等。人在團體內就有共同利益，有利益就有紛爭，有紛爭就是勾心鬥角陷害對方以期達到自己的利益願望。

家庭

夫妻婆媳妯娌兄弟姊妹父子母女之間為了利益也常有鬥角磨擦，甚至對簿公堂。

個人

人與人之間的利益紛爭可說是無時無處無之，鄰居街坊，市場馬路處處皆可見到。

個人的紛爭除了私益之外尚有因婬事如感情爭風吃醋婚外情等的打鬥甚至廝殺，不過因婬事而生的矛盾範圍有限不致到大規模的傷害。

以上所述的紛爭稱之利益紛爭。要記得，沒有永遠的敵人，也沒有永遠的朋友，唯有利益至上。

害人之心不可有，防人之心不可無。

思想紛爭

宗教戰爭

宗教信仰理念的不同，便以武力去征服對方迫使成為同一理念或理想所造成的戰爭。如古代的天主教與基督教；猶太與穆斯林；有的甚至同一宗教而派系的不同也導致互相廝殺；如穆斯林中的什葉派與遜尼派便是。並持續了好多個世紀。古代中國的儒釋道也有過如此的戰爭，只是時間不很長久。伊斯蘭教進入新疆後對佛教展開消滅戰。

宗教戰爭直至近代仍然有，如1967年猶太教的以色列和阿拉伯聯盟的大戰。1993年伊拉克的什葉派和遜尼派的戰爭。2014年ISIS對世界發動的恐怖戰。伊郎曾多次發言要將猶太教的以色列消滅。

主義戰爭

如共產主義與資本主義，兩種不同信仰便將這個世界分成兩半，互相戰鬥了六十八年。如蘇聯時代對東歐國家的侵略；1945-1949的中國大陸的內戰；五零年代的南北韓戰爭；六零年代南北越戰爭，都是為主義的不同而互相大屠殺。本是同根生語言文化生活習慣完全相同，就是各有不同的思維即要相殺。

主義戰爭幾乎將人類毀滅。

　　人類就這樣從古迄今不是為了利益就是為了思想系，或兩者兼有就戰個不停，除了雙方的士兵們慘死之外人民也慘不堪言。

一個特別話題：人口的增長

　　近代人口快速的增長，也是人類戰爭的導火線。人口不斷的增長致使土地需求更多，天然物資快速減少，為了生存利益，國與國之間的紛爭愈來愈緊張，很可能因此而發生人類毀滅戰。

　　可是大家都沒有在這方面注意而發聲，只在二氧化碳的增加而著緊。

第十七章
真理

真理是哲學中的重要探討課題。

何謂真理？

宗教方面，神說甚麼都是對的叫大家不用懷疑，神話就是真理。天主教說，他們所信奉的是真理；基督教又說他們所信的才是真理。這是思想系的不同，各派堅持己見，曾在古代歐洲造成了人類大悲劇死人無數，這是他們兩派各自的真理。

本來尋找真理最終目標是想要帶人類到真善美的地境，然而兩者為了爭辯真理未見其利就先見其弊死人無數。

共產獨裁集團說共產主義才是真理，但擺在大家眼前，凡是共產主義的國家人民都是慘死，貧窮活得無比悲痛，全世界已有一億人在共產主義下死去，這也說是真理；共產黨權威者說的話就是真理；獨裁者說他的話也是真理，這是強權出真理，所以才造成了近代人間的大悲劇。

或許大家會察覺到，共產及獨裁者說橫說直都是真理，過去人民不能有財產是真理，今天可擁有財產也是真理。

　　過去說的是真理，現在說的也是真理，到底那個才是真理？如果說今天的才是真理，那就是說以前的就是謊言欺騙人民。

　　一個近代知名人物鄧小平，共產黨員歌頌他的理論是真理，因為他的理論帶給中國人飽暖及進步。可是共產黨員並未思索清楚及回顧歷史，中國若沒有共產黨的大糟蹋，中國就不會貧窮落後到這個地步，必定像其他進步國家一樣人民早就飽暖進步，臺灣香港星加坡便是中國縮影的好例子，那需要鄧小平理論人民才得飽暖？所以說鄧只將那走到死胡同窮途末路的中國拉回走在正常的道路上，或說鄧小平是回歸正途，並非他的理論是真理。

　　哲學家在講解真理時，大家都聽到一頭霧水不知道他在講什麼，講了半天還說不出真理的定義來。打開哲學課本時那些理論哲學家所講的真理也是令人難以理解，或許連他本身也不一定瞭解自己的所說。人類付出這麼大的代價仍然還得不到真理的定位。

　　很久以來大家一直都還沒找到真理。哲學家說，哲學是尋找真理以帶領人類到真善美的地境裏，看來人類的真善美不知還在何方。那麼真理是什麼？

　　其實真理並非高不可攀，遠莫能及，是因為對真理沒有正確的定義所以看見也不知。真理就在每個人的眼前。

真理可分為兩大類：

科學真理

科學真理叫做定理或定律，理不直就算不出結果來，換句話說，循真理覓結果。

這是真正理由給人類去實現。

人文真理

人文真理簡稱真理，是一套不限於時代區域人人都能接受的為人道理，真理也可說是公理或天理。思想哲學家們所提出的大家都能接受的為人之道即是真理。教導人類正確的思想，正確的說話，正確的作為，人人都應該遵守的道德，帶給人類的好處，經得起時空的考驗謂之真理。

這正是本文所要談論的主題。

事實有異於真理

人們常常混淆「事實」等於「真理」。事實即不假，例如某人說的驚險經歷句句是事實，即不是虛構，但不能說句句是真理。

事實即真相，事和物都不是假；言與行都不是假。

真理是為人道理，是人際間和好相處的教條，適合於任何時代，任何地方。

現行的思想哲學

　　目前我們人類所實行的思想有好幾套，東方是實行三合一的儒釋道，西方的耶穌教，中東的穆斯林教，但尚沒有任何一套叫做完整，必需要整合取其優而行，如佛家的慈悲與覺悟，耶穌教的博愛，儒家的仁義禮智信。

第十八章
尋找真理的基本要素

尋真理和尋真相同樣的要素才能達到：

格物致知，誠意正心，修身。

格物致知

對一件事物澈底瞭解，不可一知半解就去判決真假或好壞。

誠意正心

做人要有誠意，不可假心假意，還要思想正確，不可偏見或成見，不可胡言亂語，如是才能談真理事實真相。

修身

行為正當有道，澈底遵行道德叫做修身，即以身作則。

這些都是中國古代最具真理價值的格言。有了上述要素，對事物才能分釋正確，才能找到事情的真實性即真相。

同樣要素才能思考到底怎樣才是真理，才能找到真理的所在地。

在法庭

法官在辦案時，不能將對的事情說是錯，錯的說成對，要真正的<u>道及理</u>去找真相以正確辦案。

做醫生

循病理找事實真相，如找不到真相會下錯藥害死人。

在政治

更為重要，因為所涉及的人數眾多，所以施政者務必尋找人民的所需，確實狀況真相以正確地施政，做得對的事叫合理，目的是為民除貧解除痛苦造福社稷。

不了解真相就是對事物產生誤解對政治會鑄成大錯，害倒國家人民。

對事情不瞭解會影響人的行動傾向，致而影響到國家社會的動態，是因為缺乏思維去尋找事實真相。

舉個例子：就以越戰來說，絕大多數的人包括很多報張作家在內，都說美軍是侵略者因而參與反美行動，使到整個越南幾乎天天都有示威行動，連美國好多城市也如此。皆因他們不明白越戰的起因不明白到底誰才是真正的侵略者而怪錯好人。

一九五四年南北越分割後有明文規定互不侵略，可是於一九五七年美國U2飛機拍攝到北越揮軍從寮國境內經胡志明廊進入南越。一九六〇年戰火開始，越戰即揭開序幕。由於北越不斷地曾兵，美國一方面為要遏止共產主義向東南亞擴展；二方面要保衛南越免被北越共產併吞。所以到一九六四年大量出兵南越，由此戰爭愈戰愈烈。要是北越不入侵南越，怎會有美軍的介入，怎會有慘酷的越戰，怎會有那慘絕人寰的大逃亡浪潮？到此大家應明白誰是被侵誰是真正的侵略者了吧。

美國雖保不住南越，但起碼保有二十年的自由，在這二十年間，南越的經濟及文化的發展相當可觀，與當時實施二十年共產主義的北越比較真的有天堂與地獄之差。也因為有二十年的自由華人可學中文，所以今天逃到海外南越華人的中文程度並不差於中國大陸，甚至有過而無不及。要是沒有美軍保有南越二十年的自由，便沒有華文教育的存在，南越華人也如同年代北越華人一樣中文字都不懂多一個，何來遍及世界各地的越南華人作家及華文報章？

由於對事情不去尋根問底講真理就不明真相，持一知半解而錯誤判斷一件事，形成思想錯行動也錯。這也是致使美軍失敗原因之一。

　　如此大的好處卻無幾人能體會得到，而被越共的反美宣傳所利用而反美。結果南越失守而大舉逃亡及被勞改致死，可說是身在福中不知福自尋死路。這就是人文哲學中尋找事實真相對自己對人類所影響最好的一課。

第十九章
政治與民生

什麼是政治？大多數人對這個名稱有誤解，認為反對政權或與政權對抗就叫政治。

用槍爭取權力是在不得已的情況下進行的。比如，政府的腐敗無能喪權辱國，會導致國家滅亡。在這種情況下，必需要爭奪政權，才能救國救民。不是為了成為皇帝，也不是政治的終極目標。

政治是治理國家，做到國家強盛，官員清廉勤政，社會穩定繁榮，民生富裕幸福康樂。這才是政治。

民生的幸福與痛苦，取決於國家的政策和領導層的良心與智慧

世界上許多國家所謂的起義和奪權，其實是為了當官，踐行他們認為的理想主義。奪取政權後，人民被迫走向窮途末路，殺害了數以千萬無辜者。倖存者生活在悲慘的環境中。

這是國家政策和領導層的良知和良知的體現。

人類為了利益而鬥爭。這是一場社會鬥爭，也體現了人性的殘暴。為了維護一個人或少數人的權力和名利，他們會不擇手段地殘酷清洗異見人士。這說明錯誤的思想給人類帶來了苦難，造就了專制和殘酷的領導階層和領袖。

一些國家的領導層為了實現他們認為的理想主義，未見其利先見其害。世界上已經有大量的人類因為所謂的理想主義而無辜地喪生。

在亞洲及非洲許多國家的人民生活貧富相差太甚，有些富上天，有些則過著老弱貧困殘疾無助在各形各式的悲慘情況下過著非人生活。這都是因國家領導階層治國無方及缺乏道德上的良心，對人民的痛苦悲慘不放在眼裏，視而不見，好像人民的痛苦與他們無關，所以不想法去解決。

這是思想哲學家的主要目標。正確思想能帶人上天堂；錯誤的思想會使當權者享官威攬大權，實行專政，將人類推下地獄。

對現實不滿意

當我們生活在一個不文明、政治不健全、經濟落後的國家時，抱怨是很自然的，但很多人生活在一個文明、政治健全、經濟發達的國家，仍然充滿抱怨，不斷地批評這裡不是那裏不對。這類人永遠不會滿足。在他們心中沒有好壞的標準，就是不知道什麼是好什麼是壞。正所謂居於福中而不知福。

對現實的不滿會導致個人失去生活中的幸福。對於國家來說，如果許多人對現實不滿，就可以把全國人民從過去自由繁榮的世界帶到一個黑暗、貧窮和苦難的無望世界，死得悲慘，活得痛苦。等你醒來，後悔已經來不及了！

國家與人民

政府

一個有道德的國家領導人是一個仁政，根據人民的需要正確執政。加強地方幹部道德教育，從嚴治政，不貪污不違法，同情百姓疾苦，關愛百姓，告誡百姓惡習，管理場所整潔、衛生、乾淨。

人民

人民群眾有良好的道德意識，人人自我約束，不輕易觸犯法律，不盲目抗拒政府的合理治理，多做善事，互相幫助。

要實現這一目標，必須從教育入手，如學校公民教育、社交媒體教育、家庭教育、教人走向真理道德之路、辨別是非、正確思考、善於待人接物，憐惜世界。

第二十章
理想國

　　思想哲學最終的目標就是建造理想國，理想國是人類一直夢寐以求的理想世界，即西方所稱的Utopia或Paradise，中國人稱的天堂，或佛家所說的西方極樂世界。民眾在想，哲學家也在想。到底是怎麼樣的一個地方？為何人類都在渴望？

理想國的渴望

　　人類為何有理想國或西方極樂世界的構想，有火必先有煙，有渴望必有其因。相信每個人都曾聽過不少神仙下凡救苦救難的故事或電影。這些虛構的故事，不止於東方，全人類都有，有同樣或類似的故事。從這些故事中大家可以體會到古代人類到處都是受苦受難，在絕望中便想著有神仙的出現來打救他們脫離痛苦慘景，以及有個安逸的世界居住不再受苦。

人類災難苦景真不少，根源可分為幾點

家庭中

　　如家姑虐待媳婦或媳婦虐待家姑，幾乎家家如此，很少看到婆媳和平相處。

　　尤其是貧窮家庭養不起的女兒賣給人家做丫鬟，一天最少要做十八小時的工作，只穿主人給的舊破衣，吃剩飯菜汁，還經常被掌摑腳踢，不當是人來看待。

主人苛虐僕人

　　古時代打工就等於做奴隸，待遇微薄還隨時遭到拳打腳踢。

強勢欺負弱勢

　　財雄勢大的人就視貧者為賤民，可隨意欺虐甚至殘忍相對。這種現象二十一世紀的今天在某些國家裏仍然存在，一道馬路之隔，一邊是樓宇高大的天堂，另一邊就是賤民窟窩，一千人才有一個廁所。這些賤民被富人看不在眼裏。

廠主剝削蹂躪肆虐工人

　　今天已是二十一世紀，法律都很嚴明，仍然有些國家的廠主

或農場主人不僅薄待工人且還是虐待甚至毒打外勞的鏡頭出現，何況是古時代。

佃東加重佃農

雞啼半夜幾許辛酸汗水所做出來穀米繳租後所剩無幾，一旦失收交不出田租來就要以女兒作抵債，是人間悲慘的一幕。

官僚壓榨欺凌百姓

這些情景二十一世紀的今天在獨裁和貧窮國家裏經常看到，甚至他們的孩子即所謂的官二代都當起小霸王來，到餐館吃東西不還錢，為了小事往往將對方拳打腳踢。這些大陸官二代惡霸的欺凌。本人於2010年在文明法治國家的加拿大居然也曾領教過不少大陸官二代凌霸滋味，當中有男有女，行為粗暴至極，迫使要勞動警方到來處理。古代社會人們被欺壓的情況由此可想而知。

政治迫害

為了私人或少數人的利益而將不滿意的人加以迫害或陷害。二十一世紀的今天政府強奪人民的土地，對反抗的民眾用推尼車碾死仍然可見。

戰火肆虐連綿

在中國在西方，古代的戰爭都是連綿不絕，人們幾乎天天都

在逃避戰火苦不堪言，尤以東方的中國更甚。人們在夢想中有個桃花園或安樂鄉Paradise來過活。

由上面的因素和例子，可想古代人民生活的悽慘是今人難以想像。東西方都有同樣呼救聲。在無可逃避的絕境中便出現了許多神仙故事，期望有神仙下凡打救給他們有個安逸的地方過著和平寧靜安樂的日子，桃花源記和安樂鄉烏托邦理想國也由此而出。換句話說，由上述的因素形成人類有個理想國的理念和渴望。

人文思想哲學的最終目的是尋找一個可行的方針道路將人類從荒蠻痛苦無比的時代，帶到一個文明康樂的世界即人類夢想中真善美理想國，西方極樂世界（佛學）。要想做到就要有好的政治策略，治國方針，有道德有良智的領導者以及參政國家的政客，克己復禮天下歸仁。有道德的國家領導者，有道德的領導階層，有道德觀念的社會，懂得去了解人民的生活狀況，才能使人民生活安樂。

理想國或極樂世界是怎樣的地方？

中國哲學思想家即儒家所說的安邦有法：老有所終，壯有所用，幼有所長，鰥寡孤獨廢疾者皆有所養（禮記）。人民不受政權迫害不受強勢欺壓，又有合理的道德嚴明法律，政治良好天下

太平，這便是人類的理想居住地境，或說是理想國。但千百年來人們從來尚未找到一處如上述的理想國。

理想國已現

其實真善美的理想國已靜悄悄地來到人間但未曾被哲學家所發現。

之所以沒發現他的存在，皆因人類對哲學沒有一個正確的定義，也不知如何才是理想國。故身在福中不知福。

中國古時代的治國安邦之說及夢幻中的世外桃源，佛家的西方極樂世界，今天已在歐美國家出現。

理想國，並不是在這個國家裏人民個個擁有很多的財富才算是理想國，而是國家沒有外侵，沒有內戰、是自由民主國家；有良好的政治體系，沒有獨裁專政，沒有貪污枉法，人民不受欺壓，社會繁榮，民生安逸，貧困幼老弱傷殘有助，三餐飽暖，健康有保障。正所謂治國安邦有法。

這就是古代中西方思想家的夢想為今人所實現。

世界每年都有公佈全球最佳居住的國家，這就是天堂國的比賽。要瞭解天堂國是怎麼樣的國家，可到所公佈出來的國家去觀察瞭解其國的社會組織及人民生活情況即可明白。

國家達不到天堂的因素

共產主義

回顧那些天天叫口號說美夢的共產國家，從未有任何一個能達到理想地境，只有強迫人民進入地獄。原因是馬克斯與恩格斯思想家這套理想國天堂論錯誤：

經濟理論

- 是一套唯物論，集體生產，凡造出物件或物質才是生產，買賣和仲介就是剝削者一律要處決。這一招在每個共產國家的初期被鬥死的人無數。
- 強奪人民的土地房屋財產工廠作為公有，此舉可令國富起來。這是殺雞取卵斬斷生產根源。
- 消滅私人資產，消滅資本家，這是最為錯誤的想法。這也是非常恐怖的鬥爭場面，死人無數。
- 不能私人生產不能自由買賣。由此經濟發展不起來。
- 按需分配。這也是馬克斯最愚蠢的想法之一。

這個政策在每個共產國家成立的初期必行之路。

由於共產主義的經濟政策超現實，結果完全失敗，還弄到哀鴻遍野。

政治

掌權者是至高無上，人民要絕對聽從府，人民不得嗆聲，即沒有新聞自由，這是造就了政權的橫行霸道為所欲為。剷除知識份子，實行愚民政策，因為越知識越反動（反對共產），這是文化低落的原因。

共產主義經濟政策既是錯誤，而政治又獨裁，用武力強迫人民走向那錯誤的經濟路上，因而導致人死民窮，文化落後，人民飽受冤屈。

到此大家可會明白為何於1975年至1985年間東南亞掀起世紀聞名的逃共大浪潮吧。此間已有超過三十萬的逃難者葬身大海及泰國海盜的殘忍蹂躪下死去。

自八零年起共產中國放棄那害死人類的馬克斯經濟教條，走回自由經濟主義，民生和社會得以改進。1990年共產越南也隨之，所以民生和社會也得以改進。

制度不健全

非洲和一些南美洲東南亞國家雖然不是共產國沒有嚴重的政治迫害，但社會制度不健全，社會不公平，官員知識低落，貪污嚴重，導致人民生活的困苦。委內瑞拉是南美洲的一個小國，計至2018年底就有200萬人逃離家園；甚至號稱經濟強國的中國今天仍然有著不少兒童沒書讀，老弱無助流落街頭。

社會欠缺公平

　　自從中國脫離錯誤的共產經濟路線，回歸正確的自由經濟四十年後的今天，已成為富強國家，出現許多超級大富豪，但仍然有不少人間悲劇出現。在四川曾出現如此的一幕：一名農家孩子幾許辛苦才考上了大學，但因交不起學費被趕出課堂，悲痛又絕望而臥軌自殺，聞者心酸，見者流淚！及尚有不少農村人民生活極為貧困，沒有成形的學校供兒童上學，要靠海外善心人士及慈善機構團體的捐施建校。許多傷殘人士過著悲慘的非人生活。

　　這也是制度不健全的一幕，

　　日本也是個經濟強國，但老人的生活並不好過，雖然在街頭露宿者不多見，但於2017年代，日本監窩裏卻有著40%罪犯是老人，他們在家無法生活而要故意到市場去偷東西好讓入獄。社會福利部長願日本老人早死以免社會負擔過重。由此可見日本雖是經濟強國但社會制度不健全，老人仍然過著困苦的生活。

仍須努力

　　歐美的天堂國，就是人類自古以來夢寐以求的理想居住地境，但並非已臻至完美，仍然有不少要改善的地方。要看該地的

施政方針才可知道缺點的所在去改善。若能做到：路不拾遺，夜
不閉戶。哪就是更加美麗的世界。

第二十一章
為人處世

　　思想哲學是教人處世，如何待人接物以進入人類的文明世界。

　　幾套為人思想哲學如東方的儒釋道，西方的爺穌教，每套都有其為人真理，但並不完整，各取其優之為人真理教條，如能做到就可成為待人接物的好人及成為治國良材造福天下。

　　人在社會除了有技能之外還要有真理道德（簡單稱道德）。知識是充實個人生活技能，道德是人際間交往言行。學識高低不會影響到一個人的人格，道德才是決定一個人的人格是好人與壞人，君子與小人之分的準則。所以在為人來說，道德比學識更重要。有些傳統的亞洲學校就有句校訓：「先學禮，後學文」。禮是道德之意，文即知識也。富於學識而無德，即有才無德，得不到別人的尊敬。

　　建立生活技能並不複雜只要學習即可得到，可用考試來量度其標準。要學好道德，那是要從修煉或說修養而得，不是人人

做得到，沒有準確度數可量度，在學校只憑老師的觀察而定為劣平良優。其實並不準確，許多被定為劣的實際並不劣，只因不合老師的眼緣而已；有些被讚為優良生，但出去社會常被人罵為缺德。不要說只是一個人的判斷，就算千百萬人的判斷仍然不準。例如總統的選出都是經千百萬人的眼光而定的，可是卻有不少總統都是行為不檢被處牢獄或處決或自殺。至於缺德的各階層民選議員就多不勝數。

衡量人的道德，只能從其人之語言及行為的表現，還要時間及不同環境的考驗，才能斷定該人是否真的有道德。由此可見學術與道德是怎樣的兩回事。

如何為人處世

認識自己和自律

儒家的正心修身，意思是思想要正確，鍛鍊自己改善自己去與家人朋友及社會和好相處。至於如何認識自己已是一件困難的事，因人往往不敢面對現實去認清自己，不知道自己是屬那類人，自己正在做甚麼，有如酒醉的人一樣，你說他不對，他還說你才是不對。只知為所欲為不管別人對他的感受和批評，認識自己已是難，要約束自己哪更加難。為數不少這類人。

無論你是屬那一類的人，只要從小就要接受正確的思想行為

教導改造自己，學好人類真理道德做個有情有義，正人君子便是個好人。

　　所謂君子之風，是要有修養，能吃小虧不可即時還口或還手於別人的小錯；不可隨意發脾氣；不可意氣用事；說話不可任意；不可處處自以為是破壞氣氛；不可無中生有誣衊別人；說話不可絕人後路令人難過，就是說不可羞辱別人；有錯即認，知錯即改；君子要守道從始至終就算在無人看到的地方也要嚴守。

　　但君子並非任人凌辱，先讓後論，先禮後兵，當仁不讓。對那些蠻不講理的人要懂得去對付，不可讓自己吃大虧。

　　人人能做到崇高道德地位，社會便會和諧，世界才可和平共存。

本人道德觀

人間無冤魂　　天地有正氣

　　・以禮待人。

　　・不做害人利己。

- 不取樂於別人的痛苦。
- 不可將自己的名利建立於別人的痛苦之上。
- 不為五斗米而折腰。即不為利誘而屈服於強權。
- 行使自己的權利以不侵害別人的權利為原則。
- 不虛偽，不欺騙，不自誇，不炫耀，要謙虛（但要看場合不損自尊為原則）。
- 有錯即認，不能諉過於人，知錯即改。
- 談話自留後路，也給對方有下臺階。
- 欠債還錢，殺人償命。
- 不貪小便宜。
- 體恤別人之痛苦。
- 不任性，要克制要涵養。
- 以和氣與人相處，不可以脾氣與人相處，即不能意氣用事，談話不可破壞氣氛。
- 對一件尚未明白的事物不要堅持己見，這是談話的藝術也是人格的表現。
- 在車上年輕人要讓老弱幼孕婦殘疾優先。
- 在船上若遇難、幼婦青壯優先，殘疾老弱在後。有用者生存，無用者犧牲。
- 戰場上對敵人持槍是敵，棄槍是友。對戰犯不要原諒。
- 對平時作惡多端的人來犯不可原諒。
- 對忘恩負義的人遇難不再伸出援手。

- 對無人格者勿近。
- 忍與讓，是減少人與人之間的磨擦，也是社會和諧之道。

以上為人之道，不是一日一夜即可鍊成，是年幼時在家裏的輔導及學校的德育培植下而成。

正義感

- 正義是堅守教化後的真理道德，向那些尚抱著原始蠻性無德的人說不，維護社會公理。
- 要辨別是非黑白善惡而待之。如善惡都同等對待，則善與惡並無分別。
- 不為虎作倀。
- 堅守正義：不畏強權而低頭，不為利誘而折腰。
- 不可見利而忘義。
- 見義要勇為：勇即敢於挫惡，為別人或大眾做極需要做的事而不講求名利謂之義。
- 當仁不讓：對有仁有義應該做的事就不再相讓。
- 辯論要以君子之爭，是講道理尋真理，不要取巧得勝。 （做律師的往往都犯了這條道德）。

天地有正氣　人間無冤魂

第二十二章
文明與文化

文明

　　文明的反義是荒蠻。人類經教化後脫離了原始生活進入一個文明的社會。文明有兩大類：精神文明及物質文明。

精神文明

　　即思想文明，行為由野蠻變為互相尊重，進而有愛心，及懂得為人規則。

　　那些地方或民族仍然維持著原始的惡習或不良習慣，不懂為人道德，濫殺，爭吵打架，插隊，不遵守公共規則，舟車上不讓老幼等叫做欠文明。

　　敢於認錯，懂得說聲對不起，儒家也說，知錯能改善莫大焉，就是一個高度精神文明。缺乏衛生意識的人不懂識別乾淨和骯髒；欠審美眼光的人，這也是欠文明，或說文明程度不高，也

稱為文化落後。

物質文明

是指對物質的應用，如製造機器、製造商品及應用，藝術，經濟的發展等等。

文化

人們常說，一個文明進步國家，人民的文化水準要比欠文明國家的人民要高。那麼文化是甚麼？有文明就是有文化，是一個國家社會生活方式，物質的應用，各項技巧的發展：

- 教育文化：培育好的各方面技能，各項科技，優良的為人道德。
- 藝術文化：彫刻，繪畫，音樂，舞蹈，武術，雜技。
- 食文化：烹飪，茶酒。
- 建築文化：各類型古代及現代的建築。
- 風俗習慣：每個國家民族，或鄉村地區都有他們的風俗習慣，就是他們的特殊文化。

精神文明即哲學思想文明比物質文明更重要。物質文明即學識，一個人學識很高但缺乏道德修養，被稱為缺德之知識份子，得不到別人的尊重；反過來，一個人雖學識不高，但很有道德修

養，卻贏得別人的尊重。

語與文

　　語言與文字。語是發音，文是記下語言發音的符號及代表意思。語文是人類文明進化的象徵。人類在荒蠻年代就有語言，但很簡單，隨著文明的進程而增加，但不一定有文字，直至21世紀的今天仍然有些國家還沒有自己的文字，非洲及南美洲國家最常見，那些國家以英文或法文，西班牙文或葡萄牙文作為自己國家的文字。

文法是什麼？

　　文法即語法，是一個國家民族語言的習慣性，也是說話的規律，說話先後有序，西方人稱為文法。文法在中國是近代的新名稱。中國人已有幾千年的語言及文字，但一直不知道什麼是文法，從西方文化才有文法這個名稱。

第二十三章
論理哲學

論理哲學範圍很廣，本篇不去一一談論，只提一些常遇到的
論題而已。

靈魂

古今中外甚至大哲學家都相信，靈魂是一種觸摸不到的無形
力量在操縱人類或有靈性動物的心靈使其思索行動，死後靈魂即
脫離軀體而飄散，中國人說成靈魂出竅。對於宗教信仰來說這個
無形的力量就是神。

由於攝影機的普遍，曾攝到有個中年男子在家中牀上睡
著，突然間有個如白煙似的人形從他身上離去，第二天發現他
已死去。

路邊攝影機拍攝到一個露縮者的身上有個白煙形升上消失，
天亮人們發現他死了。

有個機動單車駕駛者在白天被一輛汽車撞死時，翻看路邊攝

影機也發現被撞一霎間也有個無形白煙從身上飛出來，他死了。

　　難道古人真的有見過如此的情景所以才道出靈魂出竅之說。勸人別在將要死去者觸摸其身。看來靈魂很可能是真有之事。

　　但回想過來，很多人都有看過犯人被槍殺之情景，但沒有誰說曾看見靈魂飛出來；我也有看過不少真實鎗殺及用刀砍頭錄影片，而且射殺成群或一個接一個的砍殺，從未看到靈魂離身之現象。

　　所以靈魂這問題尚要多多探索才能確定是有或無。

靈性

　　凡是有眼睛懂得思考識別周遭環境而求生，逃避傷害自身的動物都叫靈性動物，甚至蜫蟲都有靈性。靈性的多少隨種類而異，靈性較少的如螞蟻蜜蜂等，鳥類較蜫蟲為多，中等的如猴狗之類，人是萬物之靈。

智慧

　　智慧是天賦予以**靈性動物的特性**，無論說是神賜或是進化而有，都是天賦有之。智慧即聰明，智慧是新名詞聰明是傳統名辭，即天生先天已有。智慧是靈性生物的思考能力。一隻會建造穩固藏身巢穴的小鳥；懂得伺機去尋找或獵取食物的大小動物，

大如虎豹小如小鳥，有些小鳥牠不去獵捕食物而是專門偷取別的幼小鳥類已吞下胃的食物，這些技能便是智慧，常說這種鳥很聰明即很有智慧。在動物之中猩猩猴子和狗類的智慧算是最高也是最聰明的動物。智慧是有遺傳性，蚯蚓不能繁衍出智慧的蚯蚓，有智慧的動物生出的後代也是有智慧；螞蟻也有智慧，如樹上的螞蟻看見有動物想侵害牠，牠懂得逃避或對抗，當有人破壞牠們的巢掉下很多卵子，牠們很快跑去將所有的卵子搶著帶走，這就是天賦的智慧。總括來說，凡有眼睛的動物都有智慧，或多或少而已。

動物中的獸類禽鳥類及昆蟲的智慧很有限，他們的智慧只是用於維護自己的生命生活範圍之內。狗與猩猩有中等智慧。

人類的智慧就十分廣闊，除了用予維護生命生活之外，還用於好奇尋找未知的事物以滿足心中的渴望，以致發明各種物品科學產品。人類的智慧程度大有不同，有聖賢平庸愚劣，高智慧的發明家科學家及低智慧的白痴之分。或說天才與白痴。

本能

本能是自然界賦給生物原有的特性，是天賦的特性本能，並非知慧。

母雞孵卵時會懂得翻蛋，這個動作並沒經過學習而懂；馬跑得快，猴子會爬樹，鳥會飛皆是天賦本能。

至於那些沒有眼睛或只有觸鬚的蜫蟲類也會摘地而生，這是天賦有限的本能，並非智慧。

知識與智慧

柏拉圖談到知識，他說知識是與生俱來的，因此學習只是將原本埋藏在靈魂深層下發掘出來，是由哲學家所引導。

這一說與實際剛好相反，因人類一出生就有智慧，雖有智慧但仍然像白紙一張，甚麼知識都沒有，需要經過教育或灌輸才能啟動原有智慧的作用把所學的東西儲存起來以便隨機思考應用。就是說智慧是先天就有，而知識是後天才有，並且智慧可遺傳，即是人類傳給人類，父母生下孩子，孩子生孫子都有智慧。

但知識就不能遺傳，父母的知識不能直接傳給新生的嬰兒，必需經過教導灌輸（授），即是學習（受）後才有。

所謂知識，是從視聽即看見過或聽過的事物而得，如學校的教育學習當中有聽和見便是，和在外面所見所聞便是。知識或說學識或認知認識是後天才有，就是說人在出生後經過學習見聞才有。知識是沒有遺傳性，科學家的小孩如不給他去讀書學習，就什麼也不懂。有好的智慧才能學習多的知識。所以有些人連小學都讀不上，遑論讀大學，是因為智慧低的關係或說欠聰明。有些卻持有兩三科的大學文憑，有些成為科學家發明家，是因有高智慧又有好的學習機會就富於想像力。

知識豐富或淺薄是隨個人的先天智慧（天資）及學習的機會多與少。同一個學習環境及時間，天資好即高智慧者學得快瞭解得多；有著同樣的學識，性格活潑者會有較高或較好的成就，但尚須配合機會（天時）及地利（環境），就是常說的，事情的成功一定要有三要素：天時地利人和，簡單地說「天地人」。

　　學習不能強迫性，要隨其天資體質及其人之興趣才能收效。

靈感

　　靈感出於靈性之動物，即先有靈性才有靈感。靈感是感想，想像。

　　靈感的出現有兩個場合：一是觸媒，二是無觸媒。

觸媒靈感

　　當你聽到某種聲音或看見某些景象或事情時，它激起你想及某件事，繼之便想出了計畫，之後便去實行。你所聽或見到的事物是觸媒，它激發你的思維便是靈感；靈感促使你的想像某件你想去做的事，之後你會計畫去實行。比如說音樂家在海邊聽了一陣陣的海浪，激發他的靈感，便想出一首海韻之歌來，經過一輪的想像之後，回家去便開始寫作。

　　一個飽受戰亂苦境困擾的文人，激發他的靈感想像出一處沒有戰爭生活寧靜的理想地方去居住，便寫出一篇名作〈桃花源

記〉。

　　孔子，佛祖的思想巨著也是由於看見當時的情景激發靈感而想出來的。

　　有時候想做一件事，走了幾步突然間忘了要做的是什麼事，只要走回剛才那個地方又再想起來。這也是觸媒靈感。

　　考察也是屬觸媒靈感，考察後常會帶給考察者某些靈機激起或提醒要做的事項；在發展中的國家政府提供給商家們的優惠條件鼓勵他們出國旅遊考察，期望帶回商機發展國家經濟。

無觸媒靈感

　　也可在一個沒有特殊的場合你會突然在糢糊中想起一件你遺忘了幾十年的往事，繼之在你的想像中一連串想起連關的事。無觸媒的靈感有時會出現在你躺下床後的不久會迷迷糊糊中出現某件你要做的事，在這場合如果你嬾得起來把它記下，明天起來或許會忘記，因為靈感出現後不會再來。

　　以我本人來說，以上兩個場合都有，所寫的各篇拙文都是在看報紙電視或所見所聞後激發靈感而寫的。有些是在無意中出現已忘多年的記憶，以解答困擾多年的問題，如〈喜夢與惡夢〉，〈瘧疾與智慧〉兩篇拙文便是。有時候在躺下床入睡前突然想起在作文中有那些欠缺，便帶著睏倦軀體起來把它略記等到明天才詳細補充，要是不起來記下明天或許會完全忘記。

　　古時代許多偉大的古蹟也是在無觸媒情況下所造出來的。因

為不是建築師看見了什麼東西才想起如此的建築，而是在獨裁者的命令下想出來的。

靈感不僅是出現於人類，動物也有靈感，在拙著散文集內的〈動物的靈感〉有詳細的敘述。

想像

先有靈感才有想像。想像是從一件沒有的事物把它想出一個虛構然後去實行。想像力人人皆有，但數學家科學家，有名的建築師音樂家作家等，他們的想像力比一般常人強得多，所以才有很多超出一般人們所想像不到的事物出現在這世間上。

不過想像中想出的事物不一定就是正確，許多商人因想像錯誤而失敗，就是常說的打錯算盤；痴情的男女將對方想像得太美好而失望，有些還會導致財產或生命損失。

馬克斯的想像錯誤脫離實際而害死了上億條性命。

想像有些事物很易想像，有些是想像不出來。比如我告訴你一件事物與你曾經見過或聽過的很近似的，你很快就想像出來；要是我所告訴你一件事物而你未曾看見過或聽過的，你就很難想像得出來，叫做難以想像。

有些人很怕孤獨一人在家尤以女性，她說很怕鬼。大家知道鬼從何來的？是從想像中而來；神也一樣，從來未曾有過一隻鬼或一位神給大家見過。今天人們所敬拜的神，是將一個人神化後成為心中所想像的神。

印象

　　有學者把想像和印象混在一起談，其實不然，想像是虛構中尚未實現的一件事物；而印象是曾經見過或聽過的事物現在仍然存在腦子裏，這個現象叫做記憶即印象。記憶強與弱要看記憶細胞多與少而定，有些只有幾歲的小孩就能背頌好多本古文名著，真是記憶超強。有些人本來有很好的記憶，但經過一場疾病尤以瘧疾病後記憶就大不如前，因其腦細胞已嚴重損失所致造不出印象來。印象差，想像力也差。

幻想

　　幻想也是想像的一類，但不能實現或沒有實體的存在謂之幻想。譬如，將來我想擁有一間美麗的別墅靠近一處風景區的海邊又擁有一艘豪華的遊艇，可是這一切都是不能實現只是空想，即是幻想。

　　幻想還有個場合，有些人在他的想像中曾經有過某件事的出現，這件事經常在他腦海中出現，對他來說是真實的，但其實就沒有，只不過是他的幻想而已。比如有個人他說某某曾做那件事，其實就沒有做過，但他腦海中是有，一直都說有。

　　有些人對某個人或某件事誤解以為是有，當瞭解後就沒有。

　　幻想還見於兩個現象：信耶穌得永生，信奉者心中他們永遠都活著。

智慧學習與知識的連關

先有智慧才能學習才有知識；有智慧不學習不見聞也沒有知識。有智慧而無學識，就發揮不了作為。

觀點觀念與想法

觀點是站在某角度對事物的認知，或在某環境下對事物的瞭解叫做見解，之後對那件事物產生觀念，有了觀念就有想法，有想法才有言行之舉。

人類往往對事物的觀點不同，有著不同見解不同觀念而起爭執，小爭或大爭，小戰或大戰。

同一件事物每個人的觀點都不同，有人看得很輕而有人看得很重，這就是為人品德的表現，得人尊重或厭惡。

潛意識

潛意識，是潛藏在你腦海中的意識而不為你所發現。比如，你曾經看見過或做過一件很驚喜的事之後就不再記得它，到了若干年之後，你會在夢中經常出現一奇妙的夢幻；同樣的，你曾經看見過或遇上過一些很驚險的事，之後也忘記了，若干年之後，你會在夢中出現一些令你驚醒的夢魘。這就是潛意識所作祟。

人老了，做完某件事後就忘記了。這是潛意識操控他去做，所以並沒留下印象。

在拙著《山中來人散文集》內有一篇〈番桃夢及惡夢〉有詳細談論。這是與生理及心理連在一起的現象。

價值觀

個人或團體或國家，在想進行一件工作或一件事之前所作利益等級的評估，是否有利或利多利少，叫做價值觀。價值觀有對也有錯，對的當然是高興，錯的即俗語所說的打錯算盤。

商業價值觀

下面是個親身經歷的例子。

我在農業畜牧科三年級時有個雞場急需一名技術管理員，我的同學與場主相識，她知道我曾在家裏養過雞也曾幫教授管理過雞場，對養雞很有心得及經驗，於是介紹了我，薪水當時是三萬銅（越幣），工作一切順利表現得很好。當畢業後便對老闆說，我要正常的薪金五萬銅（越幣）。老闆嫌貴不答應，我便離開到另一間去任職。

老闆便到學校去找來一名後我一屆的新技師，此位校友對雞全無經驗去管理一個育有十五萬隻種雞雞場。

兩年後的某天，我和一位同學去遊玩經過那間曾任職的雞場順便進去探訪一下。進去時老闆娘一眼看見我就大哭，我還以為老闆過身她哭，稍停一下抹乾淚才說：當時我知道技師你想離去時我極力向我先生反映要把技師你留下，他不肯老是要找另一

位，且說同一間學校出來的技師那個不是一樣並跟我吵了架。後來找到一名剛畢業的新技師到來擔任，原來他對這行業完全沒有經驗，不到幾個月雞隻就開始出問題，一天天的死去，將近兩年便發生了一場大雞瘟，兩星期內十幾萬隻種雞幾乎死光，只剩下現在四千隻，血本無歸，說完後又嚎啕大哭，我和我同學都感到很難過，一臉無奈。在他停哭之後我問她，要不要從頭再來過，她說哪還有能力，同時年歲也不小再沒有當初那樣的衝勁了！

從上述的經驗告訴大家，一個人對事情的價值觀不能僅看在付出工資的高低而定價，還要考慮到人才的品質更為重要，好的人才不但你不會破產更會帶給你更多的財富。

話又說回頭，要是我尚留下來為他服務一路平安發財，他只想著是耶穌的保佑給他的財運，他那會知道我的技術帶給他發財。沒有過那次的失敗他實在不知道人才比每個月多給兩萬元薪金更為重要。這就是商業價觀的一個好參考。也給大家明白，信仰與事實是兩回事，不以為信耶穌會保發財。

人，往往身在福中不知福，要經過一場負面的轉變後才知道那是福那是禍，可是再沒機會回頭了。

這正符合了老子的陰陽論，是東方的相對論：沒有暗（陰）就不知道什麼叫做光（陽）；沒有寒就不知什麼是暑；沒有空就不知什麼是實；沒有低就不知道什麼叫做高；沒有壞就不知道什

麼叫做好；沒有悲就不知什麼是喜；沒有苦就不知什麼是樂；失敗過後才知成功的要素。

有不少人因脾氣暴躁為了滿足自己的脾氣，一時衝動不顧後果闖下大禍，毀掉一生前程，或財產大損失，甚至賠上性命。這些人只是為了脾氣而沒有價值觀。

時間價值觀

簡單地說就是效率，時間的長與短所得的利益。

為人價值觀

是人格人品的高與低之分。佛聖賢優良平庸愚劣。

享受

所謂享受就是舒服的感受，精神的舒暢，身體神經的鬆弛。

習慣

習慣是人們喜歡做的生活行動和語言。習慣可分為兩個項目。

個人

有先天習慣，從小就有的某種習慣，好習慣或壞習慣；後天習慣，是受了思想教育或環境的影響如宗教或學習以及周邊的影響而生的習慣。

大眾

每個國家民族都有他們固有的風俗習慣，此外每個鄉村也有他們獨特的風俗習慣。

對與錯

何謂對或錯，在行動或語言之前必需要依據準則條例，合準則或條例的即是對，否則就是錯。準則有科學準則和人文準則。

科學準則

有公式，有尺寸，有時間地點作準則。

人文準則

有國家法規，地方法規，商業條例，社團條例，鄉里條例。但是否合乎真理道德法規還是另一件事。

政治經濟與民生

政治經濟民生三者不可分離，也是哲學的主題。有人民就要生活，生活就是經濟，人民生活好壞是要看那個國家社經濟的盛衰，社會經濟就要取決於國家的政治傾向及領導階層的智慧與能力。

人民與政治意識

　　人們常說無論誰做國家領導人我都要納稅，這顯示一般民眾缺乏國家政治意識。一個好的領導者他會帶給人民幸福的生活；相反的，一個獨裁又腐敗的領導者會帶給人民痛苦多災多難甚至還會亡國。

　　亞洲人對政治往往有個錯誤的觀念，以為政治就是與執政者對抗，會遭受殺身之禍，所以談政色變。

　　但對西方人來說，很多時那些政要人物經常勸國人出來參政治理國家。政治兩字在意識上東西有別。

　　不過想清後，談政色變並非杞人憂天而是其來有自。中國幾千年來都是暴政治國，不滿政權者都遭到悲劇收場，古代如此，二十一世紀的今天亦斯。

　　政治的解釋：治理國家的事謂政治，目的是搞好人民生活，人民生活自由富裕無苦難，社會繁榮無黑暗。至於持槍與政府對抗，是因當政者腐敗無能，喪權辱國，為了挽救國家民族的生存，才用持鎗對抗是不得已的最後辦法。

第二十四章
人類終歸何處？

地球終於

氣候暖化

　　由於人類消耗太多的汽油，CO_2的增加造成溫室效應氣溫上升，南北極冰雪溶化，海水增高淹沒很多耕地和居地；人類賴以食水的冰山快速減少，以致到河川斷流乾涸沒水耕種也沒水喝，還會暴雨大增山崩地陷洪水肆虐，人亡屋毀；也由於氣溫上升致使賴以產生氧氣的大深林大草原被燒毀。氣溫的升高，海水溫度隨之上升，許多藻類經已死亡，那些依賴藻類而活的海洋動物也跟著死亡，最明顯的是珊瑚，世界已有三份一的珊瑚白化即死亡。珊瑚死亡，很多海裏小動物也死亡，很多魚類世跟著死亡。

人口過多

　　人口的快速增長天物資快速耗盡，樹木被大量砍伐森林快速消失，沒森林養氣減少人畜難以生存。

污染

　　環境污染，空氣污染人畜呼吸氣官疾病增加；海水污染多種藻類被毒死，那些靠藻類而活的小魚類也大量減少，魚類也相繼減少，海裏垃圾多到令人吃驚，害死許多魚類及海裏動物；水土壤污染使人類癌病增加，生命短促。

世界大戰

　　戰爭自有人類以來從未停止過，土地與資源是主要的爭端，人類生存的兩要素越來越少，各國都在加緊爭奪，殺傷武器日加犀利，人類因競爭而進步，也因戰爭而自我毀滅。

　　從上述因素看來，料人類還能活得多久？宇宙學家史帝芬霍金預言，人類壽命在這地球上最多是一百年，我也是這麼說。

人類能離開地球嗎？

　　科學家也很擔心人類在地球活存時間問題，而致力尋找可居的行星，並研發能住人的太空船希望能離開這個日益枯竭的地

球。但問題是：

1. 人類沒法在短期內找到一個如地球一樣適合人類居住的行星。

2. 就算找得到也因距離太遠，近者都要成萬光年以上。以目前人類太空船的速度沒法抵達。若能製造一個光速的太空船，也非百年內的事。

   再說遠程航行，在數以萬年航行中，人類沒法把一個如數個足球場大載著千人的太空船送進太空中，裏面只有那個用不到很久的人造太陽，沒有山川河流樹林，沒有礦物，也沒有各類工廠等人類生存的條件。再者，在這麼遠的途中難免會遇到許多流星，只要碰到如足球一般大的碩石就完了！

3. 以近距離的火星只有七個月的太空船行程，但沒有如地球的環境是不適合人類居住。

   科學家希望能找到水源，就算有也極之有限，充其量也只能供科學家在太空船內之用，談不上給眾多人類永遠生存之用。

   又因火星缺乏氧氣，沒有河川樹林和海洋，躲在一個有限的人造空間內，沒有人類需要的各種礦物，沒有機器開採，沒有工廠提煉，也沒有工廠製造各種貨物及食品。如何能永遠生存下去。並且火星是個早已退化的殘星，人類去那裏就等於自尋死路。

太空移民之計只是夢！

人類只好坐以待斃！

人類的相爭只會更早滅亡！

外星人

關於外星人，人們已談論了好幾十年，對於我來說，尚有許多疑問：

1. 一直都沒有真正外星人出現於人們的眼前以證之，只是人云亦云。

2. 宇宙學家以各種類的天文望遠器材都未曾發現到有生命的行星。那麼外星人必定從非常非常遙遠的外太空而來。但太空船那麼小，太空人能活那麼久嗎？

3. 來的目的是甚麼？

4. 是移民，為何又不著陸？沒有家庭如何繁衍？

5. 為好奇，也應該著陸與地球人類打個招呼，可是又沒有。

6. 想找資源，他拿什麼裝載，這麼遙遠來到只拿了一點點東西就走，就算拿走一大量的地球物資也不划算，這個假設不能成立。

7. 難道以一個飛碟而來？

8. 一個飛碟能載多少人，為何這麼遠的一條路只得幾個人

而已？

9. 飛行速度多少？飛碟速度能否達光速速度？就算這麼快速也要幾十萬光年，難道外星人的壽命有這麼長？

10. 外星人既然是生物，哪身體必定需要新陳代謝，簡單地說就是要吃，一個飛碟的體積能裝載多少食物才夠供應這麼長的旅途？

11. 外星人所用的道具難道不用修理嗎？連一個小工廠都沒有用什麼來修理？

我還不敢相信真的有外星人來到地球之說。

國家圖書館出版品預行編目

另類哲學論 / 山中來人著. -- 臺北市：獵海人，
　2021.12
　　面；　公分
　　ISBN 978-626-95130-5-5(平裝)

　1.哲學

100　　　　　　　　　　　110018879

另類哲學論

作　　　者／山中來人
出版策劃／獵海人
製作銷售／秀威資訊科技股份有限公司
　　　　　114 台北市內湖區瑞光路76巷69號2樓
　　　　　電話：+886-2-2796-3638
　　　　　傳真：+886-2-2796-1377
網路訂購／秀威書店：https://store.showwe.tw
　　　　　博客來網路書店：https://www.books.com.tw
　　　　　三民網路書店：https://www.m.sanmin.com.tw
　　　　　讀冊生活：https://www.taaze.tw

出版日期／2021年12月
定　　　價／250元